Paul Chaim Eisenberg — AUF DAS LEBEN!

Paul Chaim Eisenberg

AUF DAS LEBEN!

Witz und Weisheit eines Oberrabbiners

Gewidmet all meinen Freundinnen und Freunden

Inhalt

Vorwort	9
Auf das Leben!	12
Das Lachen	22
Feste und Feiern – Die Jüdischen Feiertage	36
Beten, Glauben und Zweifeln	84
Das Trennende und das Verbindende	99
Der Rabbiner	126
Vom Lernen und Lehren	141

Vorwort

Meine Besonderheit – oder mein Problem – ist, dass ich sehr vieles ein wenig bis recht gut kann, aber nichts perfekt. Ich singe, aber unser Kantor singt schöner. Ich erzähle Geschichten, aber der große Rabbiner Schlomo Carlebach erzählte besser. Ich leite Gottesdienste, aber es gibt viele Rabbiner, die das viel besser können. Ich interessiere mich für Mode, aber darüber schreibe ich besser kein Buch. Ich bin ein wenig eingebildet, halte mich aber für bescheiden.

Als ich vor vierzig Jahren nach meinem Rabbinatsstudium nach Wien zurückgekommen bin, beschäftigte sich der Österreichische Rundfunk in seinen Religionssendungen fast ausschließlich mit dem Christentum. Erst langsam entwickelte sich ein Interesse an anderen Religionen. Als junger Rabbiner mit deutscher Muttersprache habe ich im Laufe der Zeit den „jüdischen Part" übernommen: Ich habe regelmäßig in Sendungen mit anderen religiösen Würdenträgern diskutiert, und einige Zeit lang hatte ich sogar eine eigene Fernsehsendung namens „Schalom" im ORF. Der Jude, der sich vor mir in den Medien um die interreligiösen Beziehungen kümmerte, hieß Otto Herz. Er war kein Rabbiner, aber ein gelehrter Jude, und er wollte, dass ich nach meiner Rückkehr nach Wien diese Aufgabe übernehme. Er gab mir dauernd Ezzes. Einmal hat er mir sogar eine Brille mit Goldrand geschenkt und gesagt, dass ich damit intelligenter ausschaue.

Im Laufe der Jahre habe ich mich nicht nur auf religiöse Sendungen konzentriert; ich war auch in solchen zu Gast, von denen gute Freunde meinten, dass ein Oberrabbiner dort eigentlich nichts verloren habe. Da war zum Beispiel die ORF-Sendung „Willkommen Österreich", in die ich vor einigen Jahren eingeladen wurde. Ich fand mich dort gleich zwei professionellen Komikern gegenüber, die ständig versucht haben, ihre Gäste zu übertrumpfen. Sie stellten mir mehrere spitzfindige Fragen, ähnlich wie im Talmud.

Die beiden hatten für jeden Gast Getränke vorbereitet. Ich ersuchte sie um einen koscheren Wein. Sie kredenzten ihn mir und fragten mich, was denn eigentlich ein koscherer Wein ist. Weil das ziemlich schwer zu erklären ist, sagte ich einfach: Ein koscherer Wein ist ein Wein, den der Oberrabbiner trinkt. Dann fragten sie mich, was einen Oberrabbiner von einem Rabbiner unterscheidet, ob das so ähnlich sei wie bei Bischof und Priester, wo der eine höher geweiht ist als der andere. Ich erklärte ihnen, dass die Weihe die gleiche ist. Aber der Unterschied zwischen einem Rabbiner und einem Oberrabbiner besteht darin, dass der Rabbiner die Regeln kennen muss – und der Oberrabbiner auch die Ausnahmen.

Bescheiden, wie ich bin, glaube ich, in der Sendung ein „Unentschieden" erreicht zu haben. Ich werde aber nicht behaupten, dass mich die beiden Moderatoren deshalb kein zweites Mal in ihre Sendung eingeladen haben.

Manche Leute haben die Abkürzung ORF mit OberRabbinerFernsehen gedeutet. In letzter Zeit ist mir zwar der Sinn für Humor nicht verloren gegangen, aber ich bevorzuge mittlerweile die klugen jüdischen Anekdoten, über die man nicht laut lacht, sondern mit tieferem Verständnis schmunzeln kann. Das sieht man auch an diesem Büchlein. Ich habe versucht, wertvolle jüdische Weisheiten zu versammeln, dabei aber nicht auf den Humor zu verzichten.

Denn auch wenn wir objektiv in „schlimmen Zeiten" leben, dürfen wir die Hoffnung nicht verlieren. Der große jüdische Philosoph Maimonides formuliert das in seinen Glaubenssätzen in etwa so: Wir warten jeden Tag auf die Ankunft des Messias, auf die Erlösung. Wenn er oder sie aber heute nicht kommt, dann ist es vielleicht morgen soweit. Aus der Enttäuschung, dass etwas nicht eingetreten ist, was wir ersehnt hatten, sollte keine Resignation entstehen – sondern neue Hoffnung.

Auf das Leben!

Prioritäten

Vor einigen Jahren organisierte ein prominentes Mitglied der Wiener Jüdischen Gemeinde einen Galaabend im Burgtheater. Kardinal Schönborn und ich als Oberrabbiner sollten über Weihnachten, Hanukkah und andere theologische Themen sprechen. Das Burgtheater war ausverkauft. Doch einen Tag vor der Veranstaltung bekam ich einen Anruf. Eine junge jüdische Frau aus Wien, erst 26 Jahre alt, war in Israel an einem Gehirntumor gestorben. Ihre Eltern ersuchten mich, das Begräbnis in Israel zu gestalten und über die Verstorbene zu sprechen. Ich zögerte ein wenig, beschloss aber schließlich, den Abend im Burgtheater abzusagen und nach Israel zu fahren. Die Veranstalter in Wien versuchten mich mit allen Mitteln zu überreden, in Wien zu bleiben. Sie meinten nicht ganz zu unrecht, dass es in Israel hunderte Rabbiner gebe, die bei dem Begräbnis sprechen könnten. Ich aber hatte den Mut und den Leidensweg dieser jungen Frau miterlebt, und so fuhr ich nach Israel.

Der Dalai Lama und ich

Vor vielen Jahren wurde in Graz auf den Mauern der alten Synagoge eine neue erbaut. Bei der Eröffnung habe ich der Jüdischen Gemeinde in Graz versprochen, in Bälde einen Schabbat mit meiner Familie dort zu verbringen. Allerdings war ich meistens am Schabbat in Wien so beschäftigt, dass ich mein Versprechen lange Zeit nicht einlösen konnte.

Eines Tages lud mich dann der Dalai Lama zu einem öffentlichen Friedensgebet ein – auf den Kasematten in Graz. Auch der zum Islam konvertierte Sänger Cat Stevens, der sich mittlerweile Yusuf Islam nannte, nahm daran teil. Das Friedensgebet fand an einem Freitag etwa drei Stunden vor Schabbat statt. Meine liebe Frau hatte Bedenken, dass wir es nicht mehr rechtzeitig aus Graz zum Fest nach Wien schaffen. Da fiel mir mein Versprechen an die Jüdische Gemeinde in Graz wieder ein. Also entschieden wir uns, am Friedensgebet teilzunehmen und danach den versprochenen Schabbat in Graz zu feiern. So hat es der Dalai Lama der Jüdischen Gemeinde in Graz zu verdanken, dass der Oberrabbiner bei seinem Gebet war – und die Jüdische Gemeinde dem Dalai Lama, dass der Oberrabbiner mit ihr Schabbat feierte.

Vor einiger Zeit sollte ich bei einem interkonfessionellen Konzert singen. Wenige Tage davor erreichte mich wieder eine Einladung des Dalai Lama zu einem anderen ökumenischen Friedensgebet. Es war am gleichen Abend wie jenes Konzert. Ich habe kurz darüber nachgedacht, wen ich enttäuschen soll: die Menschen mit den Konzertkarten oder den Dalai

Lama. Schließlich entschied ich mich dafür, dem Dalai Lama einen Korb zu geben.

Die Chuzpe des Oberrabbiners
Vor vielen Jahren war der Papst zu Gast in Österreich, ich glaube, es war Johannes Paul II. Freundlicherweise hat er auch die jüdischen Vertreter eingeladen, ihn zu treffen. Das war 1988, ich war noch jung und fesch und frech. Besonders beeindruckt hat mich, dass der Papst auch nach Mauthausen gefahren ist, um dort der ermordeten Juden zu gedenken. Es war ein Freitagnachmittag, und wieder war ich wegen des herannahenden Schabbats nicht dabei, aber ich habe die Rede des Papstes im Fernsehen gesehen. Er sprach einleitend vom schrecklichen Leid, das den Menschen in Mauthausen widerfahren war. Dann sagte er aber, dass ihn das an das Leiden von Jesus erinnert, und ab diesem Moment hat er fast nur mehr über das Jesu-Leid gesprochen. Etliche Journalisten wollten danach Reaktionen auf diese Rede. Mich fragte man auch. Ich habe gesagt, dass ich mich nicht erinnere, dass Jesus jemals in Mauthausen gewesen wäre. Das hat natürlich Wellen geschlagen, sogar die „New York Times" hat das Zitat gebracht, und der Generalsekretär des World Jewish Congress hat mir ein Telegramm geschickt, in dem er schrieb, ich habe recht. Diese Geschichte fällt mir immer wieder ein, wenn es um Chuzpe geht. Die Frage ist nur, ob es eine Chuzpe von mir oder eine des Papstes war.

Der goldene Mittelweg

Moderates Denken und Handeln ist nicht ein Kompromiss zwischen zwei Extremen, sondern ein ganz eigener Weg. Maimonides, der große jüdische Religionsphilosoph des Mittelalters, empfiehlt uns, immer den Mittelweg zu suchen, um gut durch das Leben zu kommen. Man sollte also weder knausrig sein, noch das Geld mit beiden Händen aus dem Fenster werfen. Man sollte nicht ständig traurig und schwermütig sein, aber auch nicht dauernd übermütig. Sondern manchmal traurig und manchmal fröhlich – je nach Anlass und Gegebenheit. Das ist, ich weiß, leichter gesagt als getan.

Maimonides hat einige praktische Tipps für uns, um auf den goldenen Mittelweg zu finden: Wenn wir beispielsweise dauernd zu spät kommen, dann sollten wir uns einige Zeit lang bemühen, überpünktlich zu sein und sogar zu früh zu Terminen zu erscheinen. Das Ergebnis wird sein, dass wir irgendwann pünktlich sind.

Ein zweites Beispiel: Wenn jemand sehr knausrig ist und nie für etwas spenden will, soll er über seinen Schatten springen und eine Zeit lang fast übermäßig großzügig sein. Auch das sollte – hoffentlich! – dazu führen, dass dieser Mensch die goldene Mitte findet.

Bei zwei Eigenschaftspaaren allerdings sollte man laut Maimonides keinesfalls den Mittelweg wählen: Bei Zorn und Sanftmut beziehungsweise bei Hochmut und Bescheidenheit. Vielmehr sollte man sich bemühen, eher sanftmütig zu sein als zornig; und eher bescheiden als zu sehr von sich eingenommen. Natürlich setzen all diese Veränderungen ein gewisses Maß an Selbsterkenntnis voraus – wie das eben bei den meisten positiven Entwicklungen im Leben so ist.

Keine Angst vor Juden!
Vor zwanzig Jahren erschien in der „Jüdischen Allgemeinen Wochenzeitung" ein Artikel mit dem Titel „Der koschere Knigge". Er richtete sich an jene Nichtjuden, die glauben, dass sie Juden anders behandeln müssen als andere Menschen, nämlich rücksichtsvoller. Das geht meistens schief.

Der erste Punkt dieses Knigge war, dass das Wort „Jude" heute kein Schimpfwort mehr ist. Zwar heißt die Jüdische Gemeinde in Wien bis heute „Israelitische Kultusgemeinde", weil zu jener Zeit, als sie gegründet wurde, das Wort „Jude" tatsächlich so negativ besetzt war, dass man lieber „Israelite" sagte. Wir haben schon oft überlegt, ob wir die Kultusgemeinde in „Jüdische Gemeinde" umbenennen sollen. Es ist aber nie etwas daraus geworden, weil das entsprechende Gesetz mit einer Zweidrittelmehrheit geändert werden müsste – und das ist a bissele anstrengend. Also ist es bei „israelitisch" geblieben.

Ganz wichtig ist mir der Unterschied zwischen „israelitisch", was „jüdisch" bedeutet, und „israelisch". „Israelisch" sind Leute, die in Israel leben, davon sind natürlich die meisten jüdisch, aber Juden in der Diaspora sind nicht automatisch Israelis. Die Mitglieder der „Israelitischen Kultusgemeinde" von Wien hingegen sind zum allergrößten Teil österreichische Staatsbürger. Wenn jemand also „Israelische Kultusgemeinde" sagt, dann ist das ein echter Fehler. Natürlich haben die allermeisten Juden eine Beziehung zum Staat Israel. Dass dieser drei Jahre nach der Schoah gegründet wurde, ist auch für jene Juden, die nicht in Israel leben, ein wichtiger Punkt.

Dazu gibt es eine schöne Geschichte: Während man heute in ein Flugzeug steigt und in wenigen Stunden in Israel ist, war eine Reise nach Jerusalem früher einmal sehr langwierig und strapaziös. Doch viele Rabbis und andere Juden, denen das geistig-mystische Erlebnis wichtig war, haben diese Anstrengungen auf sich genommen. Einmal legte ein Rabbi, der gerade aus Israel zurückgekehrt war, in einem Städtchen nur wenige Kilometer vor seinem Heimatort einen Zwischenstopp ein. Er blieb eine Woche in einem guten Hotel und erholte sich von den Beschwerlichkeiten der Reise. Die Leute fragten ihn, weshalb er nicht direkt nach Hause fahre. Da sagte der Rabbi: „Wenn ich aus Israel komme und krank und mitgenommen aussähe, dann glauben die Leute ja, dass auch Israel in einem miserablen Zustand ist. Das will ich auf keinen Fall." Vielen Juden ist das Ansehen Israels sehr wichtig.

Obwohl viele von uns dieses besondere Verhältnis zu Israel haben, sind wir trotzdem keine Israelis. Wir sind Juden. Daher muss man heute das Wort

„israelitisch" eigentlich nicht verwenden – außer bei der offiziellen Bezeichnung der Kultusgemeinde. Man kann uns einfach Juden nennen. Und wenn jemand glaubt, dass das Wort Jude negativ besetzt ist, dann ist das sein Problem – und nicht unseres. Manche sagen sogar in Bezug auf den Antisemitismus, dass er im Grunde das Problem der Antisemiten ist und nicht das der Juden. Allerdings wurde der Antisemitismus sehr wohl immer wieder zum Problem der Juden.

Im „koscheren Knigge" steht auch, dass das Judentum keine Frage der Bruchrechnung ist. Wenn man einem Juden begegnet, dann soll man ihn also bitte nicht fragen, ob er „Volljude" ist oder „Halbjude". Man soll auch nicht von der eigenen Urgroßmutter namens Sara erzählen, durch die man selbst möglicherweise „Achteljude" sei. Das Judentum geht in der klassischen Auffassung von der Mutter auf das Kind über. Wenn jemand also eine jüdische Mutter hat, ist er ein Jude, ganz egal, ob der Vater Jude ist oder nicht. Interessanterweise ist es bei den Moslems genau umgekehrt: Da ist das Kind eines moslemischen Vaters automatisch ein Moslem, das Kind einer moslemischen Mutter aber nicht. Daraus ergibt sich der Widerspruch, dass ein Kind mit einem jüdischen Vater und einer moslemischen Mutter für die Juden ein Moslem ist, für die Moslems aber ein Jude.

Es stimmt auch nicht, dass alle Juden Genies sind, die meisten Juden sind nicht klüger als andere Menschen. Allerdings müssen sich Juden nicht zuletzt durch ihre Religion immer wieder intellektuell mit unterschiedlichen Themen und Fragen beschäftigen. Dafür lernen wir früh lesen und schreiben. Da kann es natürlich sein, dass einige überdurchschnittlich kluge und gebildete Juden herauskommen. Es gibt auch überdurchschnittlich viele jüdische Nobelpreisträger.

Aber wenn ein Mensch sagt, die Juden seien generell viel klüger als die anderen, dann vermute ich zwar, dass er damit eigentlich etwas Projüdisches sagen will. Doch manchmal steckt dahinter nur Neid. Und der ist nicht projüdisch.

Das gilt noch mehr für das Vorurteil, alle Juden wären reich. Es gibt sehr viele Juden in der Mittelschicht; und es gibt zahlreiche Juden, denen es ökonomisch schlecht geht. All die Gebote zu Wohltätigkeit, zu sozialer und finanzieller Hilfe im Judentum beruhen ja darauf, dass es arme Juden gibt. Dass einige Juden sehr reich sind, können und wollen wir natürlich nicht leugnen, aber das auf alle umzulegen, halte ich für ein problematisches Vorurteil.

Ein anderer verbreiteter Irrtum ist, dass die Mehrzahl der Juden alle Gebote der Tora einhalten. Als Rabbiner muss ich sagen, dass das leider nicht stimmt. Natürlich gibt es sehr observante Juden, die jedes Detail um den Schabbat kennen und sich bemühen, alle Gebote einzuhalten. Aber es gibt auch andere Juden, auf die das absolut nicht zutrifft, die sich aber aus der Geschichte und der Tradition her als Juden verstehen. Das kann und soll man ihnen nicht absprechen, selbst wenn sie die Gebote nicht einhalten.

Ein weiterer Punkt aus dem Knigge betrifft die Vergangenheitsbewältigung: Es gibt gerade in Österreich und in Deutschland viele Menschen, deren Väter, Großväter oder Großonkel in der SS waren. Das müssen diese Menschen aber nicht jedem Juden, den sie treffen, auf die Nase binden. Manche Menschen sind als Reaktion darauf, dass ihre Vorfahren Nazis waren, den Weg in die „andere Richtung" gegangen und zeigen sich besonders offen, liberal und interessiert Juden gegenüber. Doch wenn jemand heute zu einer anständigen Haltung gegenüber Juden fähig ist, dann muss er uns das eigentlich nicht erzählen. Viele Juden, die wie meine Eltern durch die Schoah gegangen sind, erzählen fremden Menschen auch nicht, was ihnen alles widerfahren ist. Sie behalten das für sich. Sogar uns Kindern haben sie nicht alles erzählt. Manche schämen sich sogar, überlebt zu haben. Manche wollen ihre Kinder schonen, aber oft ist nach vielen Jahren das Eis gebrochen. Dass Menschen, die in der Schoah auf der „anderen Seite" gestanden sind, dann nicht darüber reden wollen, ist mehr als verständlich! Aber auch da gibt es Momente, in denen man offener zu Kindern oder Enkel wird. Wenn diese Kinder oder Enkeln später miteinander befreundet sind, erzählen sie einander die Geschichten der Familien oder sogar die Geschichte vom Großvater, der in der SS gewesen ist.

Wir Juden sind auch nicht das Gewissen der Menschheit. Wir erheben nicht den Anspruch, es zu sein. Bekanntlich wurden die Juden über viele tausend Jahre verfolgt, das ist historisch verbrieft. Daraus ergibt sich aber nicht automatisch, dass Ungerechtigkeiten aller Art und aller Völker unser Hauptgesprächsstoff sind. Natürlich gibt es eine Menge Juden, die sich leidenschaftlich zum Beispiel mit dem bedrohlichen Klimawandel in Umwelt und Politik beschäftigen. Und es gibt überdurchschnittlich viele weltoffene Juden, die Ungerechtigkeiten nicht akzeptieren wollen, auch wenn sie andere betreffen. So marschierten in den USA zu Zeiten Martin Luther Kings viele Juden und sogar Rabbiner bei Märschen und Demonstrationen an der Seite der benachteiligten und bedrohten Schwarzen. Dieses Engagement ist schön und richtig. Aber es ist kein „Programm", an das sich alle Juden halten.

Das Lachen

Jüdischer Humor
Witz und Humor sind zwei Paar Schuhe. Mir gefällt das Bild, dass Humor wie die Wellen auf dem Meer ist und der Witz wie die Schaumkrone auf einer Welle. Eine Schaumkrone kann selbstverständlich sehr interessant sein, aber erst die Welle trägt sie. Ohne die Welle gibt es die Schaumkrone nicht. Ich habe im Laufe meines Lebens meine Einstellung zum Witz immer wieder ein wenig geändert: Ich glaube heute, es sind nicht die Witze, die uns helfen, die Dinge besser zu verstehen. Sondern es sind die klugen und manchmal auch humorvollen Bemerkungen und Geschichten. Grobe und verletzende Witze sind sowieso ein No-Go, auch frauenfeindliche Scherze und solche, die Menschen niedermachen. Das sind Dinge, die man nicht tun sollte.

Ich habe mich oft gefragt, was ist ein jüdischer Witz? Die naheliegendste Antwort wäre wohl: Wenn in einem Witz Juden oder jüdische Symbole vorkommen. Doch so einfach ist es nicht. Wenn ein Witz nämlich Juden erniedrigt oder sie als geizig und raffgierig darstellt, dann ist das schon ein antisemitischer Witz. Also ist nicht jeder Witz, in dem Juden vorkommen, automatisch ein jüdischer Witz. Vielleicht lässt sich das mit Musik vergleichen: Es gibt die Musik aus den Synagogen oder alte jüdische Volkslieder, das ist jüdische Musik. Wenn ein jüdischer Komponist aber ein

Oratorium schreibt, ist das nicht automatisch jüdische Musik. Auch dann nicht, wenn es gut ist.

Entscheidend ist, wie ein Witz bestimmte Eigenschaften thematisiert, die den Juden zugeschrieben werden. Passiert das in liebevollem oder selbstironischem Ton oder aber mit abwertender Haltung? Selbstironisch und liebevoll finde ich zum Beispiel folgende Witze: Ein Jude fragt einen anderen, wie die Geschäfte gehen. Darauf der: „Ich kann nicht klagen, die anderen klagen mich." Ich mag auch diesen Witz aus demselben Themenkreis: Ein Jude prozessiert gegen einen anderen. Er fährt auf Urlaub und überlässt seinem Anwalt den Fall. Bald schickt ihm der ein Telegramm mit dem Inhalt: „Die gerechte Sache hat gesiegt." Da schreibt der Jude zurück: „Sofort Berufung einlegen!"

Auch die sprichwörtliche jüdische Geschäftstüchtigkeit, die nicht zuletzt dadurch begründet ist, dass Juden bestimmte Berufe verboten waren, ist Gegenstand zahlreicher Witze und lustiger Anekdoten. Wie in diesen beiden Fällen: Die Geschäfte eines Uhrenhändlers gingen dermaßen schlecht, dass er behauptete, pro Uhr zehn Euro zu verlieren. Als ihn ein Bekannter fragte, wovon er dann lebe, erklärte der Händler: „Am Schabbat und am Sonntag hab ich zu!"

Oft entscheiden der Kontext und die Frage, wer wem einen Witz erzählt, darüber, wie der Witz einzuordnen ist. Erzählt ihn ein Jude einem anderen Juden oder erzählt ihn jemand mit antisemitischer Haltung? Wie unterschiedlich ein Witz interpretiert werden kann, zeigt diese Geschichte: Zwei Juden betreiben gemeinsam ein Geschäft. Da ruft einer den anderen an und sagt: „Mosche, ich bin sehr besorgt. Unser Geld ist nicht mehr im Safe. Was soll ich tun?" Mosche antwortet: „Ich weiß, was du tun sollst. Leg das Geld zurück in den Safe!"

Ähnlich auch dieser Witz: Ein Jude kann in der Nacht nicht einschlafen und wälzt sich im Bett herum, bis seine Frau ihn fragt, was denn los ist. Da sagt der Mann: „Ich schulde Chaim bis morgen Geld, aber ich habe es nicht." Da schlägt die Frau vor: „Am besten, du rufst deinen Freund jetzt gleich an und sagst ihm, dass du das Geld nicht hast. Dann hat er eine unruhige Nacht und du kannst beruhigt schlafen."

Bleiben wir bei noch einen Moment bei den jüdischen Frauen und fragen uns, was der Unterschied zwischen einer italienischen und einer jüdischen Mutter ist. Die italienische Mutter sagt zu ihrem Kind: „Wenn du die Spaghetti nicht isst, bringe ich dich um." Die jüdische Mutter sagt: „Wenn du den Strudel nicht isst, bringe ich mich um."

Ich bin natürlich nicht der Erste, der über jüdischen Humor und über jüdischen Witz nachdenkt. Es gibt sogar Witze über jüdische Witze. Zum Beispiel den hier: Ein Jude sagt zu seinem Freund: „Ich hab einen neuen Witz für dich." Darauf der andere: „Ich hoffe, es ist nicht schon wieder ein jüdischer Witz. Erzähl doch einmal von einem anderen Volk!" – „Also gut", sagt der erste. „Zwei Chinesen spazieren durch Peking, da fragt der eine den anderen: Wie war eigentlich die Bar Mitzwa deines Sohnes?"

Zur Bar Mitzwa fällt mir gleich noch folgende lustige Geschichte ein: Ein wohlhabender Mann aus New York geht zu seinem Reisebüro und sagt: „Mein Sohn hat bald Bar Mitzwa und ich würde gerne eine Feier organisieren, die noch nie jemand gemacht hat." Der Leiter des Reisebüros hat eine Idee: „Ihr fliegt nach Kenia, macht eine Safari und auf einer Lichtung mitten im Urwald bereite ich eine Synagoge mit Rabbiner und Tora-Rolle vor." Der Mann ist begeistert und sagt zu. Nach der Bar Mitzwa fragt ihn der Travel Agent, wie es war. Da sagt der Mann: „Du bist ein Schwindler. Wir waren nicht die einzigen, wir mussten sogar warten, bis die vorige Bar Mitzwa zu Ende war. Zu dir komme ich nie wieder!" Als sein nächster Sohn vor der Bar Mitzwa steht, geht der Mann trotzdem wieder zum Travel Agent. Diesmal bietet ihm dieser eine Bar Mitzwa an, die wirklich noch nie jemand gemacht hat: „Wir reservieren eine Rakete für die nahe Familie und fliegen für die Bar Mitzwa zum

Mond." Wieder ist der Mann begeistert und sagt zu. Als er zurückkommt, fragt ihn der Reiseleiter, wie es war. Die Antwort fällt knapp aus: „Keine Atmosphäre!"

Sehr viele jüdische Witze beschäftigen sich humorvoll mit den Härten des Lebens. Denn Humor half den Juden immer schon dabei, schlimme Zeiten besser zu bewältigen. Das ist auch der Grund, warum es unzählige jüdische Witze über die Schoah gibt. Witze wie diesen hier: Treffen sich zur Zeit des Nationalsozialismus zwei Bauern auf der Alm. Beide tragen lange Bärte, wie sie für Bauern damals typisch waren. Da sagt einer zum anderen: „Ich verstehe die Juden nicht. Die haben Bärte wie wir. Warum ziehen sie sich nicht Lederhosen und Steirerhüte an und geben sich bei uns im Dorf als Christen aus, um sich zu retten?" Darauf der andere: „Mir woll'n Sie erzählen?"

Natürlich kann man die Frage stellen, ob man überhaupt Witze über die Schoah machen darf. Auch mir wurde diese Frage schon viele Male gestellt – zum Beispiel in einer Fernsehshow, in die ich vor einigen Jahren eingeladen war. Mir fiel dazu folgende Erzählung aus den 1940er-Jahren ein: Ein Jude in Deutschland sieht in der Straßenbahn einen anderen Juden, der den „Stürmer" liest. Entrüstet fragt er ihn, wie er nur dieses Naziblatt lesen kann. Der Jude mit der Zeitung antwortet: „Wenn ich ein jüdisches Blatt lese, dann steht dort, dass wir Juden verfolgt, deportiert und malträtiert werden. Wenn ich den „Stürmer" lese, erfahre ich, dass wir alle reich und mächtig sind und die Welt regieren. Das gefällt mir besser."

Ich mag auch folgenden Witz: Ein Nazi ruft einen Juden im KZ zu sich und sagt: „Du kannst entscheiden, ob ich dich jetzt umbringe oder am Leben lasse. Ich habe im Krieg ein Auge verloren und ein Glasauge bekommen. Wenn du mir sagen kannst, welches das Glasauge ist, lass ich dich laufen." Der Jude antwortet ohne zu zögern: „Das linke Auge ist aus Glas." Er liegt richtig und der Nazi fragt, wie er es herausgefunden hat. Da sagt der Jude: „Es schaut so barmherzig auf mich."

Doch jüdische Witze befassen sich nicht nur mit dem Nationalsozialismus und der Schoah, sondern auch mit anderen politischen Systemen, die Menschen unterdrücken. Zum Beispiel dieser Witz, der in der Sowjetunion spielt: Zwei Juden kommen an einem neuen Restaurant vorbei. Dort läuft eine spektakuläre Aktion, die die Menschen ins Restaurant locken soll. So wird behauptet, man könne alles bestellen, was einem einfällt. Falls das Essen nicht innerhalb von drei Stunden da ist, bekämen die Gäste 100 Rubel – das war zu jener Zeit sehr viel Geld. Die beiden Juden gehen also in das Restaurant und bestellen Giraffensteak mit Kartoffelpüree. Während sie sich schon auf das Geld freuen, sehen sie, wie der Koch eine Giraffe am Schwanz in die Küche schleppt. Die beiden haben das Geld schon abgeschrieben, als der Koch zu ihnen kommt, ihnen je ein Kuvert mit 100 Rubel aushändigt und sagt: „Das Giraffensteak war nicht schwer. Aber Kartoffeln gibt es in der Sowjetunion nicht."

Auch die folgenden beiden Witze stammen aus der Zeit des Kommunismus: Ein Kabarett, in dem viele herrschaftskritische Witze gemacht wurden, wird aus politischen Gründen zugesperrt. Am nächsten Tag geht der Betreiber zu den Behörden und bittet darum, sein Schauspielhaus wieder aufmachen zu dürfen. Als er zurückkommt, fragt ihn sein Freund, wie es gelaufen ist. Da sagt der Betreiber: „Wenn wir zu offen sind, sind wir morgen zu. Wenn wir weniger offen sind, können wir offen bleiben."

In der Knesset, dem israelischen Parlament, saß lange Zeit auch die kommunistische Partei. Als in den 1960er-Jahren der Konflikt zwischen den USA und Kuba tobte, wurde darüber auch in der Knesset diskutiert. Selbst dazu hat sich jemand einen Witz einfallen lassen: Einmal steht ein kommunistischer Abgeordneter auf und hält eine Brandrede für Kuba. Da ruft ein Abgeordneter einer anderen Partei: „Schaut´s euch den an, das ist ja wie Jidl mit dem Fidel." „Jidl mit der Fidel" ist ein altes jüdisches Volkslied, in dem ein Jude Geige spielt.

Dass verschiedene Nationalitäten verschiedene Eigenschaften haben und durch ihre Lebensumstände geprägt werden, zeigt dieser Witz aus der Zeit des Kommunismus: Man stellte einem Russen, einem Amerikaner, einem Kubaner und einem Israeli folgende Frage: „Entschuldigen sie, was ist ihre persönliche Meinung zur Fleischknappheit?" Der Russe fragte: „Was ist Fleisch?", der Amerikaner fragte: „Was ist Knappheit?", der Kubaner fragte: „Was ist persönliche Meinung?" Der freche Israeli will wissen: „Was heißt ‚Entschuldigen Sie'"?

In den 1970er-Jahren kamen viele Juden aus der Sowjetunion nach Israel. Auch von ihnen handeln zahlreiche lustige Geschichten. Das liegt auch daran, dass sie aus einem totalitären System kamen – und was eignet sich besser, um so eines zu kritisieren, als Humor? Man muss wissen, dass vielen sowjetischen Juden die Ausreise nach Israel vom kommunistischen Regime lange Zeit verboten war. Nach vielen Demonstrationen im Ausland und langen Verhandlungen durften sie irgendwann doch nach Israel, mussten dafür aber auf die sowjetische Staatsbürgerschaft verzichten. Es gab die sogenannten Helden; das waren jene Juden, die in der Sowjetunion sogar im Gefängnis gesessen sind, um ausreisen zu dürfen. Diese wurden in Israel besonders herzlich empfangen.

Ein Witz handelt von einem dieser jüdischen Helden, der in der Sowjetunion sogar drei Mal im Gefängnis war. Als er bei seiner Ankunft in Israel gefragt wird, warum er drei Mal im Gefängnis war, erklärt er: „Als ich wie alle anderen beim Begräbnis von Stalin war, sagte mir ein Freund, dass es eine Million Rubel gekostet hat. Da sagte ich, dass man für eine Million doch das ganze Zentralkomitee hätte begraben können. Leider hat das ein Geheimdienstler gehört und ich kam zum ersten Mal ins Gefängnis. Nach einiger Zeit hat man mich rausgelassen und mir meinen Posten und ein kleines Büro wiedergegeben. Ich hängte sicherheitshalber ein Bild von Chruschtschow und eines von Stalin an die Wand. Da kamen Geheimdienstler und sagten, ich solle das Bild von diesem Schwein sofort herunternehmen. Ich frage sie: „Welches?" Schon war ich wieder im Gefängnis. Als man mich wieder freiließ, beschloss ich, von nun an einer kommunistischen Zelle anzugehören und bei sämtlichen Sitzungen teilzunehmen, um zu zeigen, dass ich geläutert war. Als ich zu einer Sitzung nicht kommen konnte, fragte mich der Kommissar, wo ich bin. Da sagte ich: „Wenn ich gewusst hätte, dass es die letzte ist, wäre ich sicher gekommen."

Verweilen wir noch für einen Augenblick in der Sowjetunion: Dort gab es bekanntlich erstklassige Musikerinnen und Musiker, viele davon waren jüdisch und spielten Geige. Und so kamen viele sowjetische Juden und Jüdinnen mit Geigenkästen in Israel an. Dieses Bild war so allgegenwärtig, dass einmal ein Jude einen anderen fragte: „Was ist ein russischer Jude, der ohne

Geigenkasten unter dem Arm in Israel ankommt?" Darauf der andere: „Das ist ein Pianist."

Selbstverständlich gibt es auch jüdische Witze, die andere Religionen aufs Korn nehmen – meist auf liebevolle Weise. Wie Witze über das Christentum beziehungsweise über Christen: Es war einmal ein alter Jude, der nicht viel von Kultur verstand. Eines Tages nahmen ihn seine Kinder mit ins Museum. Dort hing Rembrandts Gemälde von Jesus in der Krippe. Da sagte der Vater: „Das ist typisch Christen. Sie haben nicht einmal Geld für eine eigene Wohnung und lassen sich von Rembrandt porträtieren!"

Selten kam es vor, dass Juden sich taufen ließen. Meistens taten sie das nicht aus Überzeugung, sondern etwa um einen Job zu bekommen. Einmal fragte ein Jude, der sich taufen lassen wollte: „Was zieht man eigentlich bei einer Taufe an?" Da antwortete ein Christ: „Wir tragen meistens Windeln."

Am Ende aber zählt das Verbindende zwischen den Religionen. Das drückt etwa diese Anekdote aus: Wenn ein neuer Papst gewählt wird, geht der Oberrabbiner von Rom einem alten Brauch entsprechend zu ihm und gibt ihm ein Kuvert. Der Papst öffnet das Kuvert aber nicht, sondern gibt es dem Oberrabbiner gleich wieder zurück mit den Worten, er wolle es nicht haben. Das Ganze ist ein rein symbolischer Akt. Während der Papst und der Oberrabbiner darüber ins Gespräch kommen, sagt einmal der eine zum anderen: „Seit fast zweitausend Jahren gibt es diesen Brauch, und noch nie hat jemand den Brief gelesen. Lass uns doch mit ein bisschen Wasserdampf den Brief öffnen und schauen, was drin ist. Dann machen wir ihn wieder zu und niemand erfährt davon." Der andere willigt ein, sie öffnen den Brief, und was ist drin? Die Rechnung vom letzten Abendmahl.

Talmudische Logik
Der Talmud, das jüdische Rechtsbuch, ungefähr vor 1.500 Jahren vervollständigt, enthält nicht nur Rechtsvorschriften, sondern auch Bibelkommentare und Texte zu verschiedenen großen Themen wie Nächstenliebe, Erziehung, Friede, Menschlichkeit und Tradition.

Die Frage, ob der Talmud auch humorvolle Stellen hat, hat schon viele Menschen beschäftigt. Einmal wies ein Schüler einen anderen auf eine Aussage im Talmud hin, die er besonders lustig fand. Sie lautete: „Rabbiner vermehren den Frieden auf der Welt." Als der andere Schüler ihn fragte, was daran lustig sein soll, antwortete der erste: „Hast du jemals zwei Rabbiner gesehen, die nicht miteinander streiten?"

Die Logik und die Schlussfolgerungen des Talmuds sind nicht immer ganz leicht zu verstehen. So bat einmal ein Schüler den Rabbiner, ihm dabei zu helfen, die talmudische Logik zu erlernen. Der Lehrer stellte dem Schüler daraufhin die Frage: „Wenn zwei Menschen durch einen Schornstein klettern und der eine bleibt rein, während der andere pechschwarz wird: Welcher der beiden wäscht sich nachher?" Natürlich antwortete der Schüler: „Der Schmutzige". Doch der Lehrer sagte: „Falsch! Der Schmutzige sieht den Reinen, glaubt daher, dass auch er selbst rein ist und geht sich nicht waschen. Der Reine aber sieht den Schmutzigen, glaubt, dass auch er schmutzig ist und geht sich waschen. Verstehst du schon die talmudische Logik?" – „Natürlich!", sagte der Schüler. „Dann werde ich dich noch etwas fragen: Die beiden klettern wieder durch den Schornstein; wieder ist einer schmutzig, der andere nicht. Wer wäscht sich?" Da sagte der Schüler: „Der Reine natürlich." – „Wieder falsch: Im Laufe des Tages hat ja der Schmutzige gemerkt, dass er schmutzig ist und der Reine hat gemerkt, dass er rein ist. So ergibt sich, dass sich beim zweiten Mal der Schmutzige wäscht und der Reine nicht. Verstehst du schon die talmudische Logik?" Darauf der Schüler: „Natürlich!" – „Dann frage ich dich ein drittes Mal: Die beiden kriechen wieder durch den Schornstein, wieder kommt einer schwarz heraus, der andere weiß. Wer wäscht sich?" Jetzt ist der Schüler ratlos. Der Lehrer erklärt: „Hast du jemals gehört, dass zwei Menschen durch einen Schornstein klettern, und einer kommt rein heraus?" Das ist talmudische Logik.

Die Voicemail Gottes
Wenn man heutzutage bei einer größeren Firma anruft, hört man meist eine automatische Ansage, die einem erklärt, welche Ziffern man wählen muss, um mit den

einzelnen Abteilungen verbunden zu werden. Ich frage mich, wie wohl die Voice Mail Gottes klingen würde. Vielleicht so: „Danke, dass du den Himmel angerufen hast. Für Hebräisch drücke die Ziffer 1, für Jiddisch 2, für alle anderen Sprachen wähle die Null." Danach könnte man vielleicht sein Begehr konkretisieren: „Für spezielle Wünsche an den Ewigen drücke 1, um dem Ewigen zu danken, drücke 2, wenn du dich beim Ewigen beklagen willst, wähle 3 – und für alle anderen Fragen oder Meldungen 4." Manchmal käme dann folgende Ansage: „Es tut uns leid, alle Engel sind gerade besetzt, weil sie anderen Sündern helfen. Aber dein Gebet ist uns wichtig, also bleib bitte dran. Wenn du während des Wartens hören willst, wie König David Psalmen singt, drücke die Ziffer 1. Um den Ehepartner zu finden, den dir der Himmel empfiehlt, wähle die 2. Danach musst du deine Passnummer eingeben. Wenn du eine negative Antwort bekommst, gib nicht auf, sondern versuche den Area Code 666." Nach einiger Zeit in der Warteschleife würde es dann heißen: „Das Büro Gottes ist jetzt geschlossen. Bitte ruf später wieder an. Wenn du außerhalb der Geschäftszeiten des Himmels dringend Hilfe brauchst, kontaktiere das Bodenpersonal, also deinen lokalen Rabbiner. Vielen Dank für deinen Anruf und einen himmlischen Tag."

Beten für das Surfen im Internet
Wir Juden kennen nicht nur Gebete für den Tempel und zuhause, sondern auch solche, die man spricht,

bevor man eine längere Reise antritt. Darin wird um Gottes Schutz und Erfolg für die Reise gebeten. Heutzutage „reisen" viele Menschen virtuell im Internet – und weil die Gefahren dort manchmal um nichts geringer sind als auf einer echten Reise, hat jemand ein Gebet erfunden, das man spricht, bevor man online geht. Natürlich ist es mit einem Augenzwinkern zu verstehen. Es lautet wie folgt: „Möge es dein Wille sein, Vater im Himmel, dass du uns hilfst, jene Websites zu erreichen, die wir erreichen wollen. Verbinde uns in Frieden und sorge dafür, dass unsere Verbindung nicht zu teuer ist. Beschütze uns vor Hackern, Viren und Unfällen aller Art und vor verwerflichen Webseiten. Segne alle Bewegungen unserer Maus und lausche der Stimme unserer Geldbörse. Denn du bist es, der unsere Gebete erhört und uns davor schützt, dass wir unsere Zeit verschwenden und uns verzetteln."

FESTE UND FEIERN – DIE JÜDISCHEN FEIERTAGE

Pessach

Das Pessach-Fest gehört zu den beliebtesten Feiertagen im Judentum. Es ist eng verbunden mit dem Gedanken der Freiheit. Denn Pessach markiert den Auszug der Juden aus Ägypten, wo sie als Sklaven lebten. Es stellt sich deshalb auch die Frage, wie das Wissen um dieses prägende Schicksal der Juden und die Idee der Freiheit an kommende Generationen weitergegeben werden kann. So ist Pessach nicht nur ein Fest der Freiheit, sondern auch eines der „Erziehung". Vor allem der erste Abend des Pessach-Festes – der Sederabend – ist der Weitergabe der Tradition gewidmet.

Wir Juden sprechen an diesem Abend nicht nur theoretisch über die Freiheit. Wir setzen auch verschiedene symbolische Handlungen und essen Speisen, die die Freiheit praktisch ausdrücken sollen. So sitzen wir am Sederabend während des Essens beispielsweise aufrecht an die Rückenlehne gelehnt im Sessel. Damit grenzen wir uns symbolisch von den unfreien jüdischen Sklaven in Ägypten ab, die ihre harte Arbeit nur für eine karge Mahlzeit unterbrechen durften, die sie tief über den Teller gebeugt hineinschlangen. Der freie Mensch dagegen sitzt aufrecht – das ist die Idee dahinter.

Ein weiterer Ausdruck von Freiheit an Pessach ist, dass die Erwachsenen am Sederabend vier Becher Wein trinken. Die Kinder bekommen Traubensaft. Natürlich soll man sich nicht betrinken, also werden die vier Becher nicht direkt hintereinander, sondern ganz gemütlich im Laufe des langen Abends getrunken. Früher hat man dafür meist roten Wein genommen, denn es heißt im Talmud, roter Wein sei hochwertiger als Weißwein. Es gibt auch heute noch Leute, die das glauben; in diese Diskussion werde ich mich aber nicht einmischen.

Es ist üblich, dass der Rabbi an Pessach nicht nur seine Familie und Freunde einlädt, sondern auch ein paar Plätze für arme Juden reserviert, die selbst nicht die Möglichkeit haben, zu Hause ein Pessachmahl auszurichten. Für viele Juden ist diese Einladung eine große Ehre, und bei manchem von ihnen gesellt sich deshalb zur Freude eine gewisse Anspannung.

So lud einmal ein Rabbi einen armen alten Juden zum Sederabend zu sich ein. Der Alte war ein ausnehmend würdevoller Mensch, aber ebenso bedürftig, dass er keinen eigenen Sederabend halten konnte. Der Rabbi erwies ihm die große Ehre, ihn neben sich zu setzen. Der alte Mann war davon sehr beeindruckt, zugleich aber unsicher. Und so schüttete er seinen mit rotem Wein gefüllten Becher aus Nervosität über das blütenweiße Tischtuch. Die Freude über die Einladung des Rabbi wich augenblicklich der Scham wegen der peinlichen

Situation. Der Rabbi sah sofort, wie furchtbar unangenehm dem Juden das Missgeschick war. Um ihn von seiner Schmach zu befreien, ruckelte der Rabbi so lange am Tisch, bis sein eigener Becher umkippte und sich sein Wein sich über das weiße Tuch ergoss. Dann sagte der Rabbi: „Mein Tisch ist schon alt und seine Beine sind sehr wackelig." Für mich ist das eine der schönsten Geschichten zum Pessach-Fest. Mein Vater hat sie mir erzählt, und dieser hörte sie von seinem Vater.

Das aufrechte Anlehnen während des Essens am Sederabend, wie ich es beschrieben habe, ist vor allem dann wichtig, wenn wir das traditionelle ungesäuerte Brot essen, das auf Hebräisch Matza und auf Jiddisch Mazzes heißt. Matze ist das Brot der Freiheit – und Juden essen es an Pessach aufrecht sitzend, um zu zeigen: Wir sind freie Menschen. Ein großer Rabbiner aß übrigens niemals nach vorne gebeugt – auch dann nicht, wenn es Suppe gab. Er sagte: Ich werde mich nicht vor einer Suppe verbeugen.

Doch warum essen wir Juden an Pessach eigentlich ungesäuertes Brot? Das ist schnell erklärt: Als die Juden aus Ägypten ausziehen mussten, weil der ägyptische König sie hinausgeschmissen hat, hatten sie keine Zeit mehr, um Brot als Proviant zu backen. Also haben sie sich kurzerhand den vorbereiteten Teig über die Schultern gelegt. Dieser wurde in der Wüstensonne zwar nicht zu echtem Brot – aber zu ungesäuerter Matze.

Heute kann man Matze fertig kaufen. Aber es ist etwas ganz anderes, wenn man eine religiöse Speise nicht im Supermarkt kauft, sondern selbst zubereitet. Deshalb ist es in vielen chassidischen Gemeinden üblich, dass man Matze selber bäckt. Das ist nicht ganz unkompliziert: Damit die Matze für Pessach koscher sind, muss ein Rabbiner die Herstellung kontrollieren. Der gesamte Backprozess vom Mischen der Zutaten bis zu den fertiggebackenen Matzen darf maximal achtzehn Minuten dauern, sonst säuert der Teig und wird zu Brot. Es ist wichtig, dass beim Herstellen von Matze mehrere Leute zusammenarbeiten.

Wenn ein Teil der Matze fertiggebacken ist, muss man ihn sofort aus dem Backrohr holen und den Ofen, den Boden davor und die Holzbretter, auf die man die Matze gelegt hat, gut reinigen. Man will in der Regel eine zweite Charge backen, und damit auch diese den Vorschriften entspricht, muss alles sauber sein. Für diese Reinigungsarbeit braucht man nicht unbedingt einen großen gelehrten Rabbiner – traditionell und bis heute erledigten das häufig bedürftige Frauen und Witwen, damit sie selbst zu Pessach ein bisschen mehr Geld haben, um für das Fest einkaufen gehen zu können.

Es gibt eine schöne Geschichte vom Rabbiner, der zu alt war, um selbst noch am Matzebacken teilzunehmen. Also fragten ihn seine Schüler, worauf sie achten sollten, damit alles vorschriftsgemäß abläuft: „Das Wichtigste ist mir, dass die Matzes in einer Atmosphäre entstehen, in der sich auch die armen Menschen, die neben dem heißen Ofen harte Arbeit verrichten, gut und sicher fühlen. Achtet also darauf, dass ihr sie nicht beleidigt und nicht von oben herab behandelt, sondern dass ihr immer freundlich zu ihnen seid."

Ein anderes Mal veranstaltete ein Rabbi einen besonders schönen und festlichen Sederabend, mit vielen Gästen und weisen Erklärungen zum Auszug aus Ägypten. Am nächsten Tag war er so erschöpft, dass er den ganzen Nachmittag schlief. Er wachte erst um zehn Uhr am Abend auf und musste den zweiten Sederabend im Schnellverfahren durchpeitschen. Der Rabbi war begeistert von seinem ersten Sederabend, aber sehr enttäuscht vom zweiten. Da erschien ihm der Ewige im Traum und sagte zum Erstaunen des Rabbi: „Dein erster Sederabend war nicht berauschend, aber der zweite war etwas Besonderes. Denn beim ersten warst du sehr von dir und deinen Leistungen eingenommen und ein wenig zu eingebildet. Am zweiten Abend aber warst du selbstkritisch und nicht zufrieden mit dir. Deswegen war das der schönere." Die rituellen Gebote und die menschlichen Gebote – sie hängen im Judentum eng zusammen.

Die Fragen und Antworten der Kinder
Wir halten mehr von Fragen als von Antworten. Es gehört zu den Besonderheiten im Judentum, dass man Dinge, die passiert sind, nicht einfach vergisst, sondern

dass man versucht, aus diesen Lehren zu ziehen. Man darf Fragen daher auch ruhig ein wenig provokant stellen, sofern man wirklich an der Antwort interessiert ist – und nicht eine als Frage getarnte Behauptung aufstellt, um zu provozieren. Insbesondere am Sederabend zu Beginn des Pessach-Festes dürfen und sollen jüdische Kinder vier Fragen stellen, die unser Beten und Handeln an diesem Abend betreffen.

Eigentlich basiert der Sederabend auf diesen Fragen der Kinder. Kinder fragen meistens aus ihrem eigenen Erleben heraus. Sie haben etwas für sie Besonderes erlebt und wollen wissen, was dahinter steckt. Sie formulieren Fragen gewissermaßen mit einem Fragezeichen und einem Rufzeichen am Ende. Eine typische Kinderfrage zum Sederfest lautet etwa: „Warum essen wir sonst immer Brot, aber heute Matze?!" Die jüdische Tradition und der Talmud sind voll von solchen „Kinderfragen", die Feststellung und Frage gleichermaßen sind.

Der Talmud stellt Eltern die Aufgabe, jedem Kind seine Fragen so zu beantworten, wie es seiner Reife entspricht. In einigen Bibelversen werden die Kinder dafür sogar in verschiedene Gruppen eingeteilt: Da gibt es „das weise Kind", „das schlimme Kind", „das einfältige" und „das unreife Kind", das noch nicht imstande ist, zu fragen. Die Antworten sollten laut Talmud auf das Kind abgestimmt sein. Konkret heißt das zum Beispiel: Wenn ein weises Kind, das schon viel gelernt hat, etwas noch besser verstehen möchte, dann kann man ihm sogar komplizierte Bräuche erklären. Wenn aber das schlimme Kind, das eigentlich gar nichts über Pessach wissen und in Wirklichkeit provozieren oder einfach nur essen will, fragt: „Wozu das Ganze?", dann müssen ihm die Eltern nicht antworten. Sie dürfen dem Kind aber klarmachen, dass es eigentlich nur am Essen oder an der Provokation interessiert ist. Dass „einfältige" Kind merkt vielleicht, dass am Sederabend etwas anders ist als sonst, es kann seine Frage aber nur in knappe Worte fassen. Es fragt vielleicht: „Was ist heute los?" Diesem Kind kann und soll man auf seinem Niveau einfachere Bräuche erklären. Und das unreife Kind, das so wenig weiß, dass es keine Frage formulieren kann? Auch diesem Kind soll man dabei helfen, zu verstehen, dass heute ein Fest ist.

Dieses Jahr war ich beim Sederabend einer meiner Töchter. Mein Schwiegersohn hatte für die kleinen Kinder, die schon im Kindergarten etwas über Pessach gelernt haben, Zuckerl vorbereitet. Für jede kluge Frage oder jede Antwort haben die Kleinen ein Zuckerl bekommen. So erreichte mein Schwiegersohn auch, dass die Kinder lange aufblieben und bei uns dabei waren.

Der kleine Mosche wird groß
Zur Frage, was Menschen eigentlich erwachsen macht, sie menschlich handeln lässt und ihre innere Reife entstehen lässt, passt die Geschichte von Moses, auf Hebräisch genannt Mosche. Er war es, der im Auftrag des

Ewigen zum Pharao gegangen ist und von ihm verlangt hat, die unterdrückten Juden freizulassen. Die Vorgeschichte war folgende: Der Pharao wollte alle jüdischen Buben töten lassen, indem er vorschrieb, sie in den Nil zu werfen. Doch Mosches Mutter wollte ihren kleinen Sohn nicht dem Nil und damit dem Tod überlassen und hat den Befehl des Pharao nur zur Hälfte erfüllt: Sie hat den kleinen Mosche in ein wasserdichtes Körbchen gebettet und dieses vorsichtig in den Nil gelegt. Just die Tochter des Pharao fand das Körbchen mit Mosche darin und nahm das Kind bei sich auf; obwohl sie wusste, dass es ein Kind der Hebräer war, das nicht gerettet werden sollte, hat sie Mosche im Palast aufgezogen. All das ist im zweiten Buch Moses beschrieben. Dort heißt es, dass die Juden Zwangsarbeit geleistet haben. Im Vers 10 heißt es dann wörtlich „Mosche wurde erwachsen, ging hinaus und sah seine Brüder" – also die Israeliten – „und ihr Leiden." Mosche, der ein angenehmes Leben im Palast hätte führen können, hat nicht nur gesehen, wie diese Menschen geknechtet wurden. Er hat auch verstanden, dass er sie retten musste – und er hatte die Größe dazu, es zu tun.

Ein Mensch wird erst dann erwachsen, wenn er nicht mehr auf sich selbst und seine Vorteile schaut, sondern wenn er die Leiden anderer Menschen sieht. Auch für mich zeigt Mosches Geschichte, dass die innere Reife des Menschen erst dort entsteht, wo er nicht nur an sich denkt, sondern auch an die anderen und ihre Not.

Rosch ha-Schanah und Jom Kippur

Das jüdische Neujahrsfest Rosch ha-Schanah findet im September statt, zehn Tage später folgt der Versöhnungstag Jom Kippur. Er ist der einzige strenge Fasttag der Juden im Jahr, 25 Stunden wird weder gegessen noch getrunken. Das gilt natürlich nur für gesunde Erwachsene. Zu Rosch ha-Schanah und Jom Kippur werden besondere Gebete für das Leben gesprochen. Das erste lautet: „Gedenke unser zum Leben, König, der Wohlgefallen hat am Leben, und schreibe uns ein im Buch des Lebens um deinetwillen, lebendiger Gott."

Das „Buch des Lebens", das in diesem Gebet vorkommt, ist ein bekanntes und traditionelles jüdisches Symbol. Es wird auch gegen Ende des Gebetes noch einmal erwähnt, wo es heißt: „In das Buch des Lebens, des Segens und des Friedens, mögen wir vor dir bedacht und eingeschrieben werden." Hier wird der Wunsch wiederholt, dass die Gläubigen, aber auch alle anderen Menschen, ins Buch des Lebens eingetragen werden. Aber wir verlangen noch etwas mehr: Wir wollen nicht nur lange leben, sondern auch die Qualitäten von Frieden und Segen in unserem Leben erfahren. Manche Menschen lesen aus dem biblischen Vers heraus, dass wir auch selbst etwas beitragen müssen und „gesund" leben sollen, um unser Leben zu schützen. In letzter Zeit gibt es Rabbiner – auch ich gehöre dazu – die sich beispielsweise gegen das Rauchen aussprechen, weil es das Leben gefährdet.

Rosch ha-Schanah und Jom Kippur sowie die Zeit zwischen den Feiertagen werden jedenfalls dafür genutzt, sich vom alten Jahr zu verabschieden. Man sollte selbstkritisch auf das eigene Verhalten im vergangenen Jahr blicken. An Jom Kippur soll man sich außerdem versöhnen – im doppelten Sinne: Einerseits mit Gott, aber vor allem mit jenen Menschen, mit denen man gestritten hat. Für Jom Kippur alleine ist das oft ein zu dichtes Programm, weil viele lange Gebete gesprochen werden sollen. Daher sind alle sieben Tage zwischen Rosch ha-Schanah und Jom Kippur und die beiden Feiertage selbst der Versöhnung gewidmet. Dafür sollte man sie auch nutzen.

Selbstverständlich steht es jedem Juden frei, sich schon davor mit anderen Menschen zu versöhnen. Am besten ist es, man streitet erst gar nicht. Ist es aber passiert und hat man versäumt, sich gleich wieder zu versöhnen, dann macht man es eben einmal im Jahr während dieser Tage. Man nennt sie auch Bußetage. Die Versöhnung ist an diesen Tagen besonders intensiv, weil so viele Menschen gemeinsam die Gelegenheit nützen und alles im Zeichen von Versöhnung und Frieden steht.

Rosch ha-Schanah und Jom Kippur werden in der Tora als Feiertage festgelegt, aber auch die sieben Tage dazwischen haben große Bedeutung, und einer dieser Tage ist ein Schabbat. Die Tage zwischen Rosch ha-Schanah und Jom Kippur gelten als spirituelle Brücke. An ihnen werden besondere Gebete gesprochen, in denen man Gott um Barmherzigkeit und Verzeihung bittet.

An jüdischen Feiertagen kann man oft ein wenig länger schlafen, weil man später betet. Wenn aber etwas unser Gewissen beschwert, dann stehen wir sehr früh auf – das gilt besonders an den Tagen zwischen Rosch ha-Schanah und Jom Kippur. Wir beten dann bereits im Morgengrauen, um unser Gewissen zu entlasten.

Bekanntlich hat ein Rabbiner nicht nur Freunde, sondern auch Gegner. Ein Rabbiner, der nur Freunde hat, ist wahrscheinlich kein guter Rabbiner, weil er seine Prinzipien nicht durchsetzt. Ein Rabbi aber, der nur Feinde hat, ist höchstwahrscheinlich kein guter Mensch.

Gerade über chassidische Rabbiner sagt man manchmal, sie seien ein wenig weltfremd und naiv. Manche Menschen versuchen sogar aktiv, bei Rabbinern Fehler zu finden. So wie der Jude in folgender Geschichte, die an den Tagen zwischen Rosch ha-Schanah und Jom Kippur in einem kleinen Schtetl spielt. An jedem Morgen um fünf Uhr gab es dort das Bußgebet, in dem Gott um Verzeihung gebeten wurde. Allerdings ist der Rabbiner, der sonst immer sehr fleißig zum Beten kam, schon am Tag nach Rosch ha-Schanah nicht erschienen. Jener Jude, der den Rabbiner nicht mochte, sagte laut: „Das ist mir ein Rabbiner, der zwischen Rosch ha-Schanah und Jom Kippur nicht zum Morgengottesdienst erscheint! Wo ist er nur?" Da antwortete ein Anhänger des Rabbis: „Wo soll er schon sein? Vermutlich im Himmel, um dort für uns zu beten." Das brachte den Gegner noch mehr in Rage: „Ich werde schon herausfinden, wo sich der Rabbiner herumtreibt, während er in der Synagoge sein sollte." Am nächsten Morgen versteckte er sich im Morgengrauen beim Haus des Rabbis und sah, wie dieser mit Holzscheiten auf dem Rücken das Haus verließ, gekleidet wie ein einfacher Holzfäller. Der Rabbiner ging in den Wald und der misstrauische Jude folgte ihm unauffällig. Als der Rabbiner an ein kleines Haus kam, klopfte er und ging hinein. Durch das Fenster der Hütte sah der Jude, dass darin eine alte und bettlägerige Frau lebte, die sich nicht selbst versorgen konnte. Er sah auch, wie der Rabbiner den Ofen in der Hütte einheizte und ein Frühstück für die Frau bereitete, ohne aber der Frau zu sagen, wer er ist. Am nächsten Tag in der Synagoge fragte der Anhänger des Rabbi den Juden, der all das beobachtet hatte: „Weißt du schon, ob der Rabbi gestern im Himmel war?" Da antwortete der geläuterte Mann zutiefst berührt: „Er war noch höher als im Himmel."

Es gibt zu Rosch ha-Schanah neben dem Beten und Singen den Brauch, den Schofar zu blasen, das ist das Horn eines Widders. Das ist ziemlich kompliziert. Denn ein Schofar hat keine Tasten wie eine Trompete, und man muss auf eine ganz bestimmte Art hineinblasen, damit überhaupt Töne entstehen, die sich voneinander unterscheiden. Deswegen können das nur wenige Menschen wirklich gut. Wenn man den Schofar aber richtig bläst, so erzeugt er geheimnisvolle Urklänge, bei denen man sehr leicht auf mystische Gedanken kommt. Das soll auch so sein – das Schofarblasen soll den Bläser und die Zuhörer zu ganz bestimmten Gedanken anregen.

Der Gründer des Chassidismus, ein berühmter Rabbi namens Baal Schem Tov, beschäftigte zu Rosch ha-Schanah einen Schofarbläser namens Gerschon. Der Rabbi erklärte ihm detailliert, welche mystischen Gedanken er beim Schofarblasen haben solle. Damit er sie nur ja nicht vergisst, schrieb Gerschon sich diese Gedanken auf einen kleinen Zettel. Der Rabbi beobachtete das und stibitzte Gerschon diesen Spickzettel. Dem armen Gerschon blieb nichts anderes übrig, als zu blasen, ohne sich die mystischen Gedanken vorher ins Gedächtnis zu rufen. Im Stress hatte er alles vergessen, was er eigentlich vom Zettel lesen wollte. Er war deshalb von sich selbst so enttäuscht, dass er in Tränen ausbrach und weinend den Schofar blies.

Nachdem er fertig war, fragte ihn der Rabbi: „Lieber Gerschon, die Klänge deines Schofars waren heute außergewöhnlich ergreifend, was war der Grund dafür?" Gerschon antwortete: „Das kann ich nicht glauben! Ich hatte mir notiert, woran ich beim Schofarblasen denken soll. Doch plötzlich war der Zettel weg. Das hat mich so nervös gemacht, dass ich weinen musste." Da erklärte ihm der Rabbi: „Der Himmel ist wie ein großer Palast mit vielen Zimmern. Für jedes dieser Zimmer gibt es einen Schlüssel. Wenn wir wollen, dass unsere Gebete durch die Töne des Schofars den Himmel erreichen, dann brauchen wir die mystischen Gedanken. Denn jeder dieser Gedanken öffnet uns eine Tür wie ein Schlüssel. Man kann aber auch mit einer Axt in den Palast gelangen und alle Türen einschlagen. Die Gedanken, die auf dem Zettel standen, den ich dir stibitzt habe, sind wie Schlüssel, die immer nur ein Zimmer öffnen. Aber deine Tränen waren wie eine Axt, die dich durch alle Türen bis zum Thron des Ewigen gebracht hat."

Als Gerschon einmal verhindert war, ließ der Rabbi einige andere Schofarbläser kommen und sie zu einer Prüfung antreten. Er wollte wissen, ob sie seinen Vorstellungen entsprachen und welche Gedanken ihnen beim Schofarspielen kamen. Mehrere Kandidaten berichteten ihm von ihren mystischen Gedanken beim Spielen. Der letzte Kandidat aber sagte: „Rabbi, ich bin ein frommer, aber einfacher Mensch, aber ich habe keine mystischen Gedanken. Ich habe vier Töchter, die ich verheiraten muss, doch dafür fehlen mir das Geld und die Schwiegersöhne. Also biete ich Gott an, dass ich den Schofar für ihn blase und er mir umgekehrt hilft, meine Töchter zu verheiraten." Da entschied der Rabbi, dass das der

Mann war, der in diesem Jahr zu Rosch ha-Schanah bei ihm den Schofar blasen sollte.

Schabbat

Der Schabbat ist ein schöner, aber ein bisschen ein komplizierter Feiertag, und ich möchte versuchen, ihn von seiner besonderen Seite her zu betrachten. Der Schabbat liegt nicht wie andere jüdische Feste aufgrund von historischen Ereignissen an einem bestimmten Datum im Jahr, sondern den Schabbat gibt es jede Woche alle sieben Tage. Er folgt als Ruhetag auf sechs Arbeitstage. Schon in den ersten Kapiteln der Bibel steht bekanntlich, dass der Ewige die Welt in sechs Tagen erschaffen hat und am siebten Tage ruhte.

Der Schabbat beginnt schon am Freitagabend, wie alle unsere Feiertage schon am Vorabend bei Sonnenuntergang anfangen; und dann feiert man bis Samstagabend, bis es dunkel wird, also 25 Stunden. Wir Juden dürfen am Schabbat nicht arbeiten – und das schließt vieles ein, wofür man technische Geräte braucht. Man darf beispielsweise nicht kochen oder Feuer machen. Auf diese Weise bekommt der Freitag vor dem Schabbat eine besondere Bedeutung: Es ist der Tag, an dem man den Schabbat vorbereitet – praktisch wie geistig. Zur praktischen Vorbereitung gehört, dass man das Essen für den Schabbat kocht. Es sollten allerdings nicht ausschließlich die Frauen kochen, sondern jeder sollte mithelfen. Wenn die Männer selbst nicht kochen können, so sollten sie beim Einkaufen helfen, und für den Schabbat hochwertigere Lebensmittel besorgen, als man normalerweise isst. Ich mache das auch so, weil von mir Gekochtes wohl nicht genießbar wäre.

Man sollte sich auf den Schabbat aber auch im Gebet geistig vorbereiten. Diese Idee geht auf das 16. Jahrhundert zurück, wo sie von kabbalistischen Rabbinern in Safed in Israel eingeführt wurde. Diese Mystiker sagten, dass der Schabbat nicht nur ein Ruhetag ist, sondern dass er einer „Braut" des jüdischen Volkes gleicht, ja sogar einer Königin. Und was macht man, wenn eine Königin zu Besuch kommt? Man bereitet sich auf ihren Besuch vor und nimmt sie würdig in Empfang. Der Kabbalist und mystische Dichter Schlomo en Moses ha-Levi Alkabez (1505–1576) hat diesen Gedanken der Vorbereitung in einer Schabbathymne so formuliert: „Komm, mein Freund, lass uns der Braut Schabbat, der Königin Schabbat entgegengehen."

Aus dieser Idee des Entgegengehens ist ein besonderer Brauch entstanden. Die Mystiker in Safed stiegen vor Beginn des Schabbat auf die Berge um die Stadt, betrachteten die untergehende Sonne und sangen verschiedene Psalmen. Bis heute ist es so, dass sich die Menschen in der Synagoge am Ende des Freitagsgebets, in dem die Königin symbolisch hereingerufen wird, zur Tür umdrehen, ihr entgegenblicken und sie begrüßen. Natürlich kommt die Königin Schabbat nicht leibhaftig durch die Tür spaziert; aber ich finde die Hinwendung zur Tür trotzdem eine sehr schöne Geste.

Eine Anekdote thematisiert sehr anschaulich, dass es in der Synagoge ein bisschen wie in der Oper ist: Die teuren Plätze sind vorne und die billigen hinten. Man zahlt in der Synagoge natürlich keinen Eintritt, trotzdem sitzen die Wohlhabenderen meist weiter vorne und die ganz Armen in den letzten Reihen. Eines Tages trat eine Abordnung armer Juden vor Gott und sagte: „Lieber Gott, nur weil wir kein Geld haben, müssen wir in der Synagoge ganz hinten sitzen. Das ist unfair. Wieso dürfen wir nicht einmal ganz vorne sein?" Da antwortete Gott mit einem Lächeln: „Ihr wisst doch, dass sich an jedem Freitagabend die Menschen in der Synagoge zur Türe umdrehen, um den Schabbat zu empfangen. Wenn ihr sonst auch in der letzten Reihe steht, so seid ihr doch in diesem wichtigen Augenblick, wenn die Königin zur Tür hereinkommt, ganz vorne."

Auch bei Schabbat gilt: Es gibt den rituellen Feiertag mit dem Festhalten an bestimmten Geboten wie koscherem Essen. Und es gibt die zwischenmenschlichen Gebote. Sehr oft hängt beides zusammen. So empfahl der Gründer des Chassidismus, der bereits erwähnte Baal Schem Tov, vor dem Gottesdienst immer zu sagen: „Bevor ich bete, nehme ich auf mich, den nächsten zu lieben."

Und selbstverständlich gelten auch am Schabbat Ausnahmen für die Gebote, wenn ihre Einhaltung das Leben eines anderen Menschen oder unser eigenes in Gefahr bringen könnte. Wenn eine schwangere Frau beispielsweise just am Schabbat die Wehen bekommt, darf sie natürlich mit dem Taxi ins Spital fahren. Diese Ausnahme haben zeitgenössische Rabbiner sogar erweitert: Wenn die Frau ihre Kinder nicht ohne die Anwesenheit ihres Mannes gebären will, wie zum Beispiel meine liebe Frau, dann darf sogar der Mann am Schabbat mit ins Taxi steigen. Und so bin ich bei der Geburt meines Sohnes Kivi zum ersten und einzigen Mal am Schabbat mit einem Auto mitgefahren.

Sukkot
Sukkot bedeutet auf Hebräisch Hütte, und so ist das Sukkot-Fest das Fest der Hütten. Es erinnert daran, dass der Ewige den Juden auf ihrer vierzig Jahre dauernden Wanderung durch die Wüste Hütten gab, damit sie sich schützen konnten; am Tag vor der Sonne und in der Nacht vor der Kälte. Im Talmud gibt es einen Rabbiner, der die Sache etwas esoterischer sieht. Er sagt, dass es nicht buchstäblich Hütten waren, sondern dass Gott seine schützende Anwesenheit durch Wolken ausgedrückt hat. Am Sukkot können wir heute natürlich nicht einfach Wolken bestellen, also wohnen wir an den sieben Tagen des Festes in Hütten.

Doch was bedeutet es, während diesen Tagen in einer Sukka zu „wohnen"? Die meisten Juden gehen davon aus, dass man zum Sukkot-Fest die Hauptmahlzeiten in diesen Hütten einnehmen soll. Dabei steht im Talmud eigentlich, dass man dort idealerweise auch schlafen soll. Viele Rabbiner haben diese Stelle unterschiedlich interpretiert. Vielleicht waren sie auch beeinflusst davon, wo sie lebten. Diese Erklärung akzeptieren nicht alle, mir aber kommt sie schlüssig vor.

Es gibt zum Beispiel zwei bekannte Rabbiner, die die Talmudstelle sehr unterschiedlich interpretieren. So hat der Verfasser des Schulchan Aruch, ein gewisser Josef Karo (1488–1575), betont, dass man zu Sukkot unbedingt in den Hütten schlafen soll. Karo lebte in Safed in Israel, wo es zur Zeit des Sukkot-Festes im September meist angenehm warm ist. In einer Laubhütte zu schlafen ist unter diesen Bedingungen nicht schwer. Anders interpretierte der im polnischen Krakau lebende Rabbi Moses Isserles (1525–1572) die Talmudstelle. Er sah es nicht als verpflichtend an, dass man zu Sukkot in der Hütte schlief. In Osteuropa kann im September schon Schnee fallen, in einer offenen Hütte wäre es eisig kalt und ziemlich ungemütlich. Sukkot haben ja kein festes Dach, sondern es ist aus Zweigen, Ästen und Blättern gebaut. Deshalb war wohl Rabbi Moses Isserles mit dem Schlafen in der Hütte etwas weniger streng.

An einer anderen Stelle im Talmud wird aber ohnehin konkretisiert, was die Formulierung „im Sukkot sollt ihr wohnen" bedeutet: Dass man nämlich nur dann in der Laubhütte wohnen soll, wenn es dem nahekommt, was man auch sonst unter Wohnen versteht. Wenn es also nicht hineinregnet, nicht hineinschneit und nicht allzu kalt in der Hütte ist. Es muss auch niemand in einer Sukka sitzen, der schwer erkältet ist.

Als die Juden nach ihrer Wanderung durch die Wüste schließlich Israel erreichten, wurde das Sukkot-Fest auch ein Erntefest. Das ist bis heute seine zweite Bedeutung neben dem Fest der Hütten. Das Einbringen der Ernte passt gut zum Monat September, und der Ernte-Gedanke spiegelt sich auch im Pflanzendach der Hütten. Es sollte mehr Schatten als Sonne zulassen. Man sollte aber durch das Hüttendach den Himmel sehen, weil es Gott ist, der uns schützt, und nicht das Dach an sich.

Natürlich kann man sich generell fragen, ob der liebe Gott so etwas wie Freude zu einem bestimmten Termin wirklich „vorschreiben" kann und soll. Doch der Ewige hat dafür einen tollen Trick gefunden: Er verordnet den Menschen nämlich just dann Freude, wenn sie sich sowieso schon freuen. Das tun sie nämlich um die Zeit von Sukkot, weil sie reiche Ernte einholen und ihre Speicher voll sind. Dadurch fühlen sie sich sicher und wissen: Wir werden im Winter und später auch noch zu essen haben. Wenn also Gott zur Erntezeit Freude vorschreibt, dann verlangt er nichts Unmögliches von den Menschen. Der Mensch wird daran erinnert, dass sein wirtschaftlicher Erfolg ebenfalls gottgegeben ist.

Allerdings freuten sich nicht immer alle Menschen über Sukkot. Der Bürgermeister eines Schtetl zum Beispiel mochte die Juden und ihre Feste nicht. Weil er aber nicht als Antisemit gelten wollte, sagte er, dass die Sukkothütten eine hygienische Gefahr darstellten und zimmerte schnell einen Erlass, der das Bauen verbot. Da kam ein Rabbiner zu ihm und sagte, dass das nicht so schnell gehe, weil die Hütten schon stehen. Der Bürgermeister entschied: „Ihr müsst eure Hütten innerhalb einer Woche abbauen!" Der Rabbi verließ lächelnd das Büro des Bürgermeisters: Denn Sukkot dauert genau sieben Tage.

Nach Sukkot werden das Laub und die Bretter der Hütten schnell abgebaut, der Herbst zieht ein und ein neues Schuljahr beginnt. Eines Tages kamen zwei Schüler zur Aufnahmeprüfung in die Talmudschule des Mosche Sofer, des bekannten Oberrabbiner von Pressburg. Mosche Sofer stand gerade im Lehrsaal der Synagoge am Fenster, rief die neuen Kandidaten herein und prüfte ihr Wissen. Einer der Schüler wusste viel mehr als der andere. Zur Überraschung beider nahm der Rabbi aber jenen Schüler in seiner Schule auf, der weniger wusste. Als die beiden weg waren, fragten die anderen Schüler im Raum den Rabbi, warum er sich so entschieden hatte. Da antwortete Mosche Sofer: „Als die beiden hereinkamen, bemühte sich der schwache Schüler, nicht auf das Laub am Boden zu treten, weil er wusste, dass es von einem geweihten Gebäude stammte. Der andere hingegen ist achtlos drauf getreten."

Schawuot

Pessach, Sukkot und Schawuot bilden die drei jüdischen Wallfahrtsfeste. Schawuot liegt fünfzig Tage nach Pessach und dauert nur einen Tag. Es soll uns daran erinnern, dass die Juden sieben Wochen nach dem Auszug aus Ägypten am Berge Sinai die Tora erhalten haben. Es ist aber auch ein fröhliches Sommerfest zur Weizenernte.

Während beim Pessach-Fest die verschiedenen Vorschriften rund ums Matze-Essen gelten und bei Sukkot die mit den Laubhütten, gibt es für Schawuot keine besonderen Tora-Gebote oder Bräuche. Warum ist das so? Eine Antwort könnte sein, dass die Tora uns Juden ohnehin 365 Tage im Jahr begleiten soll. Das Schawuot-Fest weist uns darauf hin, wie wichtig es ist, die jüdische Lehre das ganze Jahr über zu lernen. Weil es aber Juden gibt, die ohne Bräuche nicht leben können, haben diese sich einige Rituale für das Schawuot-Fest einfallen lassen. Zum Beispiel, dass man die ganze Nacht Tora lernen soll.

Das geht auf folgende Begebenheit zurück: Am Tag bevor der Ewige den Juden die Tora am Berge Sinai geben wollte, sagte er zu ihnen: „Ihr müsst euch gut vorbereiten, denn morgen bekommt ihr die Tora." Doch die Juden waren von den anstrengenden Wanderungen durch die Wüste körperlich und geistig so erschöpft, dass sie in der Früh allesamt verschliefen. Jeder einzelne von ihnen musste extra geweckt werden, um die Tora zu empfangen. Das war natürlich nicht gerade ein Zeichen dafür, dass die Juden besonders begeistert waren. Daraus entstand der Brauch, dass die Juden am Schawuot die ganze Nacht aufbleiben, um Tora zu lernen. Dieses Durchwachen der Nacht entspricht einem jüdischen Prinzip. Der Gedanke dahinter ist, dass man etwas Falsches, das man einmal getan hat – in diesem Fall das Verschlafen vor dem Empfang der Tora – gewissermaßen ausgleichen kann, indem man etwas Gegensätzliches, etwas Gutes tut. Dass man also durch einen Fehler wachsen kann, wenn man ihn überwindet. Natürlich halten sich nicht alle Juden an diesen Brauch. So wie das auch bei anderen Bräuchen der Fall ist.

Hanukkah

Vor etwa zweitausend Jahren haben die Griechen das Heilige Land eingenommen. Im Zentrum von Jerusalem stand ein Tempel, in dem die Juden zum jüdischen Gott beteten. Bekanntlich gab und gibt es bei uns nur einen Gott, nicht mehrere wie bei den Griechen. Unser Gott ist unsichtbar und es gibt von ihm keine bildliche

Darstellung. Das zeigt, dass die Juden, vielleicht vor allen anderen Religionen, die Erfinder des Monotheismus sind. Sie glauben an einen einzigen allmächtigen Gott, der nicht sichtbar und tastbar ist.

Als die Griechen allmählich verschiedene Länder erobert hatten, wollten sie diese Gebiete behalten. Daher war es für sie wichtig, dort die griechische Kultur und die griechische Religion einzuführen. Für die Juden war es eine Provokation, dass die Griechen gerade im Tempel zu Jerusalem ihre Statuen von Zeus und den anderen griechischen Göttern aufstellten, und dass sie von den Juden erwarteten, dass sie diesen Göttern Opfer bringen sollten. So kam es zu einem Aufstand: Einige Juden zogen unter der Führung der Priesterfamilie der Makkabäer in den Kampf, um den Tempel in Jerusalem zurückzuerobern.

Das wichtigste Ritual im Tempel war es von jeher, in einem siebenarmigen Leuchter, genannt Menorah, täglich Öl zu entzünden und Licht leuchten zu lassen. Die Menorah war ein Symbol für Weisheit und Spiritualität. Nun war dazu ein besonderes Öl nötig, das schwer verfügbar war, weil es selten gepresst wurde. An jenem Tag, als der zurückeroberte Tempel eingeweiht werden sollte, fand ein Jude beim Reinigen des Tempels nur ein Fläschchen solchen Öls, das mit einem Korken verschlossen war. Auf der Flasche bestätigte ein Stempel, dass das Öl von jüdischen Priestern geweiht und für den Tempeldienst geeignet war.

Da tat sich für die Juden ein Dilemma auf: Das Öl in dem Fläschchen reichte gerade einmal für einen Tag. Es dauerte aber acht Tage, um frisches Öl zu besorgen. Wenn sie das koschere Öl aus der Flasche aber gleich entzündeten, würde es bald aufhören zu brennen, und das würde die Einweihungszeremonie unterbrechen.

Die Makkabäer beschlossen trotzdem, das Öl in den Leuchter zu gießen und zu entzünden. Wie durch ein Wunder brannte dieses Öl acht Tage lang. Also so lange, bis das neue Öl herangeschafft war. Das Leuchten dieser Flammen wurde zum Symbol des Hanukkah-Festes, das bis heute acht Tage lang dauert. An jedem dieser Tage wird am Abend in einem Leuchter, den praktisch alle Juden zuhause haben, eine Kerze oder Öl entzündet. Es werden Gebete gesprochen, es wird gesungen und es werden bestimmte Speisen gegessen. Häufig solche, die ebenfalls mit viel Öl zubereitet und daher nicht besonders gut für die Linie derer sind, die sie essen.

Im Talmud entstand vor ungefähr 2000 Jahren um Hanukkah ein sehr interessanter Gelehrtenstreit. Wenn ich Streit sage, meine ich damit nicht, dass die Gelehrten tatsächlich gestritten haben, sondern dass sie verschiedener Meinungen waren und diese Haltungen auch vorbrachten. So war einer der Gelehrten der Ansicht, man möge an jedem Abend des Hanukkah-Festes nur eine Kerze entzünden. Eine zweiter fand, dass es der Überlieferung eher entspräche, wenn man am ersten Abend acht Kerzen anzündet, am zweiten sieben, dann sechs usw., bis am achten Tage nur mehr eine Kerze brennt. So ließe sich diesem Gelehrten zufolge nachbilden, wie es damals war – dass zwar das Licht acht Tage lang brannte, aber von Tag zu Tag weniger wurde. Es gab einen dritten Rabbiner namens Hillel, der vorschlug, dass am ersten Tag nur eine Kerze angezündet wird, am zweiten Tag zwei Kerzen, am dritten drei usw. So wurde zwar das Öl von Tag zu Tag weniger, das Wunder aber immer größer. Seine Idee hat sich schließlich zum universalen Brauch entwickelt, an den sich die allermeisten Juden bis heute halten.

Es ist trotzdem sinnvoll, auch die anderen Ideen zum Umgang mit dem Hannukah-Licht zu kennen, die im Talmud beschrieben sind. Denn wir sollten nicht nur die Gebote und Bräuche kennen, wie sie heute gelten – wir sollten auch wissen, wie sie sich entwickelt haben.

Der Messias
Die Idee, dass es einen Erlöser gibt oder dass einmal die Zeit der Erlösung kommen wird, halten viele Menschen für esoterisch. Sie sehen darin etwas, an das nur religiöse Menschen glauben, sie sagen: Intelligente und realistische Menschen können damit nichts anfangen, weil diese Idee keine wissenschaftliche Grundlage hat. Ich möchte ein paar Gedanken zum Glauben an die Erlösung mit meinen Leserinnen und Lesern teilen.

Die Menschen werden auf Latein Homo Sapiens genannt, also „Menschen mit Verstand". Doch was genau macht diesen Verstand aus, was macht uns Menschen weise? Und gibt es nicht auch bei Tieren eine gewisse Klugheit? Immer wieder wurde wissenschaftlich versucht, die Weisheit der Menschen von jener der Tiere abzugrenzen. Wir Menschen unterscheiden uns von Tieren etwa dadurch, dass wir elektrische Geräte zum Diktieren von Buchtexten entwickeln können, dass wir miteinander kooperieren, dass wir Kultur haben.

Doch auch Tiere besitzen ähnliche Fähigkeiten – wenn auch auf viel niedrigerem Niveau. Auch sie kennen so etwas wie Voraussicht. Sie sammeln und bunkern zum Beispiel für sich und ihren Nachwuchs Nahrung. Eichhörnchen graben Nüsse ein. (Auch wenn das eher ein Instinkt sein dürfte, weil sie nicht aktiv wissen, dass bald der Winter kommt.) Schimpansen im Zoo horten Nüsse, die sie dann nach menschlichen Nervensägen werfen können. Tiere können nicht mit Sprache umgehen wie Goethe, Schiller oder Shakespeare, aber sie können miteinander und mit uns Menschen in Kontakt treten. Bienen beherrschen den komplizierten Schwänzeltanz, der ihresgleichen den Weg zu Nahrungsquellen lotst. Ameisen bauen mehrstöckige Ameisenhaufen und verwenden dafür kleine Hölzchen. Ob das Kultur ist, weiß ich nicht. Es mehren sich jedenfalls die wissenschaftlichen Stimmen, die einen bestimmten Unterschied zwischen Mensch und Tier als entscheidend ausmachen: Dass wir Menschen im Gegensatz zu den Tieren über die Fähigkeit zur Voraussicht verfügen. Also über Gedanken und Annahmen, die auf die Zukunft gerichtet sind.

Die menschliche Voraussicht kann entweder pessimistisch oder optimistisch sein. Zu ihr gehört auch das Bewusstsein für das, was war. Es ist wichtig, dass wir uns erinnern. Damit arbeitet auch die Psychoanalyse: Um einem Patienten zu helfen und sein Leid zu lindern, wollen Analytiker wissen, was in der Vergangenheit dieses Menschen passiert ist, was seine Erinnerung prägt und was er in der Gegenwart erfährt. Menschen, die sich an die Geschichte, an die Fehler und Kriege der Vergangenheit nicht erinnern, sind verurteilt, diese zu wiederholen. Ich bin fest überzeugt, dass dieser Gedanke stimmt. Der Blick zurück kann aber nicht alles sein. Wir sollten die Vergangenheit vor allem deshalb im Gedächtnis behalten, weil sie ein Ausgangspunkt dafür sein kann, dass die Zukunft besser wird. Ich halte den Blick in die Zukunft für etwas zutiefst Menschliches. Beziehen wir das, was die Zukunft bringen könnte, nicht in unser Denken ein, sind wir Gefangene der Vergangenheit und der Gegenwart.

Die menschliche Kultur, unsere Sprache, unser ständig wachsendes Wissen und die Entwicklung der Technologie: Könnte all das nicht unsere Annahme davon ausdrücken, wie Menschen in Zukunft leben werden? Zu diesem Gedanken gibt es eine wundervolle talmudische

Geschichte: Ein alter Rabbi von achtzig Jahren pflanzte einen Baum, der ungefähr fünfzig Jahre braucht, bis er die ersten Früchte bringt. Da fragte ihn jemand: „Warum pflanzt du einen Baum, der erst Ernte bringt, wenn du längst nicht mehr da bist?" Der Rabbi sagte: „Siehst du all die Bäume, die hier stehen? Die haben meine Eltern einmal für mich gepflanzt. Heute kann ich von diesen Bäumen essen. Ich pflanze wie meine Eltern heute diesen Baum, damit meine Kinder einmal etwas davon haben."

Diese Geschichte zeigt, dass wir sogar bereit sind, Opfer auf uns zu nehmen, wenn uns oder unseren Lieben das zu einem späteren Zeitpunkt Ernte verspricht. Die Religion kennt die Idee, dass diese Ernte manchmal sogar erst in jenem Leben, das auf das irdische folgt, eingeholt wird. Doch unabhängig von diesem Gedanken arbeiten wir alle für eine unbekannte Zukunft, die möglichst schön sein soll.

Ich glaube nicht, dass die Menschen die Vergangenheit einfach wie eine Kuh wiederkäuen sollen, um sie noch einmal zu erleben. Eher bereiten sich die meisten Menschen, die die Vergangenheit aktiv im Bewusstsein halten, damit auf die Zukunft vor. Sie machen Pläne. Sie wollen etwas tun, das sie später möglicherweise glücklicher macht. Vor allem Optimisten halten das so. Ist man ein Pessimist, hat man Depressionen und Angst, dann fürchtet man sich wahrscheinlich eher vor der

Zukunft. Das mag manchmal gar nicht unberechtigt sein. Ich finde es schade, wenn Menschen das Positive nicht sehen können und deswegen die Zukunft nicht beeinflussen wollen.

Die Idee des Messias besteht und bestand immer darin, dass er eines Tages erscheinen wird, um die Welt zu erlösen. Was vor allem bedeutet, dass die Menschen in Frieden leben. Dazu kommt die theologische Vorstellung, dass alle Menschen dann an einen Gott glauben werden. Das muss gar nicht der jüdische Gott mit dem jüdischen Ritus sein. Aber die Einheit des Ewigen würde dazu führen, dass sich auch die Menschen als Einheit begreifen. Die Idee des Messias ist also eng verknüpft mit der Idee einer besseren Zukunft, an der sich alle Menschen beteiligen.

Zur Ankunft des Messias existieren verschiedene theologische Szenarien: Eines geht davon aus, dass die Menschen gar nichts tun müssen, sondern dass der liebe Gott alleine entscheidet, wann er den Messias schickt. Weiters gibt es ein sehr kluges talmudisches Gleichnis. Es besagt, dass der Messias entweder kommen wird, sobald alle Menschen Gerechte sind und die Welt es verdient hat, erlöst zu werden. Oder aber: Der Messias kommt dann, wenn alle Menschen böse sind. In dem Fall nämlich wäre die Welt so unerlöst, dass es ohne „fremde Hilfe" keinen Fortschritt mehr geben kann.

Das erinnert mich immer an die Erzählung vom Auszug der Israeliten aus Ägypten. Dieser Auszug fand eigentlich früher statt als lange Zeit überliefert wurde. Die Rabbiner des Talmud erklären den frühen Auszug damit, dass Gott die Juden schon nach der Hälfte der geplanten Zeit ihrer Knechtschaft erlösen musste, weil sie durch das Leben in einem ungläubigen Land Gefahr liefen, sich dem ägyptischen Götzendienst anzuschließen und quasi wie die Ägypter zu werden.

Zur Ankunft des Messias gibt es auch zahlreiche humorvolle Geschichten im Judentum – etwas diese: Ein alter Jude wollte in seiner Pension etwas dazuverdienen und bekam die Aufgabe, oben am Stadtturm zu sitzen. Wenn es so weit ist, sollte er die Ankunft des Messias verkünden. Als ihn einmal jemand fragte, ob das ein guter Job sei, sagte er: „Ich verdiene zwar nicht viel, aber ich glaube, es ist eine langfristig sichere Stelle." Diese Geschichte besagt, dass wir jeden Tag auf die Erlösung durch den Messias hoffen, aber nicht aufgeben sollen, wenn es heute noch nicht so weit ist. Das sagte auch der große jüdische Philosoph Maimonides.

Eine zweite Episode handelt davon, dass der Messias tatsächlich erscheint. Zu seiner Ankunft wurde in Jerusalem ein großes Fest veranstaltet, zu dem Juden aus aller Welt im Jumbo Jet anreisten. Das Fest war längst vorbei, als ein Nachzügler erschien. Der Messias fragte ihn vorwurfsvoll: „Wieso kommst du so spät?" Darauf der Jude zum Messias: „Das musst gerade du sagen?!"

Mit der Ankunft des Messias waren und sind freilich auch überaus unterschiedliche Erwartungen verbunden. So fuhr ein Rabbi einmal über die Lande. Als er in einem jüdischen Motel übernachtete, betete er, wie es Brauch bei den ganz Frommen ist, in der Nacht unter Tränen um die Ankunft des Messias. Als der Hausherr den Rabbi weinen hörte, klopfte er an die Türe und fragte, ob denn mit dem Essen oder dem Zimmer etwas nicht in Ordnung sei. Da schluchzte der Rabbi: „Ich weine, weil der Messias noch nicht gekommen ist. Möchtest du nicht auch, dass er endlich kommt?" Der Hausherr war etwas unsicher: „Da muss ich meine Frau fragen." Als er zurückkehrte, rief er durch die Tür: „Meine Frau lässt fragen, was passiert, wenn der Messias kommt." Darauf der Rabbi: „Er wird uns erlösen und alle mit nach Israel nehmen." Der Hausherr besprach sich wieder mit seiner Frau, kam zurück zur Tür und berichtete dem Rabbi, dass seine Frau lieber nicht nach Israel möchte, weil sie ihre Herberge gerade erst renoviert hätten. Da sagte der Rabbi: „Ich dachte, ihr habt die Herberge hergerichtet, weil vor kurzem die wilden Kosaken hier waren und alles kurz und klein geschlagen haben!" Der Mann konsultierte ein letztes Mal seine Frau, kehrte zur Tür des Rabbi zurück und berichtete diesem: „Meine Frau ist bereit für die Ankunft des Messias, wenn er nicht uns, sondern die Kosaken mit nach Israel nimmt."

Die Hochzeit

Die Tochter eines berühmten Rabbi wollte heiraten. Der Rabbi hatte kaum Geld, wollte ihr aber trotzdem ein schönes Kleid nähen lassen. Als die Frau Rabbiner mit ihrer Tochter das Kleid abholte, fiel ihr auf, dass dieser sehr traurig aussah. Sie fragte ihn nach dem Grund. Er sei traurig, sagte der Schneider, weil auch seine Tochter heiraten solle, er aber nicht einmal genug Geld habe, um ein Kleid für sie anzufertigen. Die Rebbezen war eine barmherzige Frau und sagte zum Schneider: „Gib deiner Tochter das Kleid, das du für meine Tochter genäht hast." Als sie mit ihrer Tochter nach Hause kam, wollte der Rabbiner das Kleid sehen. Da erzählte die Frau des Rabbiners, dass sie das Kleid dem Schneider für dessen Tochter geschenkt habe. „Das ist schön", sagte der Rabbiner, „aber hast du ihm auch bezahlt, was das Kleid kostet?" Seine Frau gab zur Antwort: „Warum soll ich ihm für das Kleid Geld geben, wenn ich es ihm geschenkt habe?" Da meinte der Rabbiner: „Du hast es bestellt, du musst es bezahlen und erst dann kannst es ihm schenken."

Viele jüdische Familien wollen vor einer Hochzeit ein wenig mit ihrem Besitz angeben und zeigen, dass sie wohlhabend sind. Einmal kam ein junger Mann mit einem Schadchen, das ist ein Ehevermittler, zur Familie seiner zukünftigen Braut. Dort standen Vitrinen voll mit schönen silbernen Bechern und Leuchtern. Der Ehevermittler sagte zu dem jungen Mann: „Das ist eine sehr wohlhabende Familie, schau nur, wieviel Silber sie haben." Der Junge antwortete: „Vielleicht ist das gar nicht ihr Silber, sondern nur geborgt, um bei mir Eindruck zu schinden." Darauf der Vermittler: „Wer borgt denen denn Silber?"

Sterben und Begräbnis
In Israel werden die Verstorbenen in keinen Sarg gelegt, sondern nur in ein Leintuch gehüllt. Das wird natürlich so verschlossen, dass man den toten Menschen darin nicht sehen kann. Mit dem dünnen Leintuch soll symbolisiert werden, dass der Mensch direkt in die Erde zurückkehrt, der er entstammt – ohne trennendes Holz dazwischen. Dass der Mensch der Erde entstammt, drückt folgender Bibelvers aus: „Von Erde kommst du und zu Erde gehst du." Er bezieht sich auf das erste Menschenpaar, auf Adam und Eva. Allerdings kehrt nur der Körper des Menschen nach seinem Tod zur Erde zurück, der Geist schwebt hinauf zum Ewigen. So heißt es.

In anderen Ländern der Welt werden die Toten in Särgen begraben, und interessanterweise werden in die Unterseiten dieser Särge meist ein oder zwei kleine Löcher gebohrt. Das soll symbolisch und faktisch sicherstellen, dass die Toten trotz Holzschicht in der Erde ruhen.

Wir Juden haben nicht entweder prächtige und teure oder schlichte und billige Särge, sondern es gibt eine Norm, die einfache Holzsärge ohne Schnickschnack vorschreibt. Auch das ist ein Symbol: Dass wir Menschen nämlich vor dem Ewigen alle gleich sind – unabhängig davon, ob wir zu Lebzeiten berühmt oder unbekannt, einflussreich oder machtlos, reich oder arm waren. Selbst über König David, von dem im Buch Samuel und im Buch der Könige viel erzählt wird, heißt es am Tag seines Todes: „Und David starb." Wenn er stirbt, hört sogar ein König auf, ein König zu sein.

Dennoch sagen das Ende unseres Lebens und die Art, wie wir begraben werden, viel über uns aus. So lebte einmal ein Schneider. Als er alt wurde und sein Handwerk nicht mehr ausüben konnte, ging er zum Sargschreiner und bat ihn, aus dem einfachen Arbeitstisch, den er sein Leben lang verwendet hat, einen Sarg für ihn zu bauen. Der Schreiner fragte, wieso er gerade dieses Holz nehmen solle. Der Schneider antwortete: „Ich habe darauf mein Leben lang Stoffe für Anzüge zugeschnitten. Immer hätte ich mir ein paar Zentimeter abzwacken können, um daraus etwas für meine Kinder zu fertigen. Aber ich habe nie jemanden betrogen oder übervorteilt. Dieser Sarg soll zeigen, dass ich mich anständig benommen habe. Wenn meine Seele eines Tages vor den Thron des Ewigen tritt und mein Körper in jenem Sarg ruht, so hoffe ich doch, dass mir das beim Ewigen hilft."

Über das Sterben und Begraben gibt es im Judentum unzählige Geschichten, Anekdoten und sogar Witze, die unter schwarzen Humor fallen. So wie dieser Witz: Ein Mann rief mit tränenerfüllter Stimme beim Zuständigen für Begräbnisse an: „Ich heiße Mosche, meine Frau ist gestorben, könnt ihr mir helfen, sie abzuholen und das Begräbnis vorzubereiten?" Der Friedhofsmitarbeiter, der Mosche erkannte, sagte: „Aber deine Frau ist doch schon vor drei Jahren gestorben." – „Das war meine erste Frau. Ich habe noch einmal geheiratet, und jetzt ist die zweite Frau auch gestorben." – „Ich wusste nicht, dass du noch einmal geheiratet hast. Da gebühren dir ja die besten Glückwünsche und ein herzliches Maseltov zur Hochzeit!"

Noch etwas böser sind diese beiden Geschichten: Die Frau eines eben verstorbenen Juden rief die Leichenträger, damit sie ihren Mann aus der Wohnung abholten. Die Männer kamen mit einem Sarg, legten den Toten hinein und trugen ihn aus der Wohnung. Doch das Stiegenhaus war extrem eng und verwinkelt, und so stießen sie im zweiten Stock mit dem Sarg gegen die Mauer. Da öffnete sich der Sarg, der Mann purzelte heraus, wachte auf und war wieder lebendig. Große Freude, großes Fest, doch nach zwei Jahren verstarb der Mann abermals. Als wieder die Leichenträger kamen, um ihn zu holen, raunte die Frau ihnen zu: „Sie wissen ja, diese Engstelle im zweiten Stock, bitte passen Sie diesmal dort besser auf."

Ein Mann stirbt. Am Tag, als sein Grabstein aufgestellt wird, gehen seine Frau und der gemeinsame Sohn zum Friedhof. Sie lesen, was auf dem Grabstein steht: „Hier liegt ein ehrlicher Mann, ein guter Ehemann und liebevoller Vater". Da sagt der Sohn zur Mutter: „Wir sind wohl am falschen Grab."

Einmal sollte ein Rabbiner einen Nachruf auf einen Verstorbenen halten. Die Hinterbliebenen fragten ihn, wieviel sie ihm dafür zahlen sollten. Da sagte der Rabbiner: „Es gibt verschiedene Möglichkeiten. Für 250 Euro halte ich euch einen Nachruf, bei dem nicht nur die Frau, die Kinder, die Familie und die Freunde weinen, sondern sogar die Totenträger, die den Verstorbenen nicht gekannt haben." Die Hinterbliebenen hatten aber wenig Geld und fragten, ob es etwas Billigeres gäbe. Der Rabbi antwortete: „Für 200 Euro weinen die Frau, die Kinder und die Freunde." Doch auch das war den Hinterbliebenen zu teuer und sie baten den Rabbiner um ein günstigeres Angebot. „Für 150 Euro weinen nur noch die Frau und die Kinder, für 100 Euro weint nur noch die Frau", sagte der Rabbi. Auch das konnten sich die Angehörigen nicht leisten und wollten wissen, was sie für 50 Euro kriegen würden. Da sagte der Rabbi: „Für 50 Euro weint niemand mehr. Es kann sogar sein, dass ich ein paar lustige Stellen einbaue."

Es gibt natürlich auch viele ernste jüdische Anekdoten und Geschichten rund um den Tod. Besonders passend finde ich folgende: Der Sohn eines Mannes war ein sehr guter Talmudschüler, aber leider schwer krank. Da ging sein Vater zum Rabbi und sagte: „Rabbi, mein Sohn ist ein großer Toragelehrter, bitte gib mir deinen Segen, damit er seine Krankheit überwindet." Der Rabbi antwortete zur Überraschung des Vaters: „So ein großer Gelehrter ist er auch wieder nicht. Er hat noch nicht genug Tora gelernt." Der Jude war wie vor den Kopf gestoßen. Später traf er den Rabbiner wieder und der erklärte ihm den Grund für seine Worte: „Es heißt, dass ein Mensch auf dieser Welt eine Aufgabe zu erfüllen hat. Er kann nicht gehen, ehe er sie nicht vollendet hat. Deshalb hab ich gesagt, dass dein Sohn noch viel Tora lernen muss, um den lieben Gott so zu bewegen, ihn dir noch nicht wegzunehmen."

Nach dem Tod

Himmel und Hölle sind Begriffe, die sich im Judentum schwer einordnen lassen. Manchmal helfen sie uns, ein theologisches Problem zu lösen. Nach der jüdischen Lehre müssten „gute" Menschen schon als Lebende auf dieser Welt belohnt und schlechte Menschen bestraft werden. Abgesehen davon, dass wir uns nicht anmaßen sollten, zu urteilen, wer ein guter und wer ein schlechter Mensch ist, sehen wir in den Realität, dass das mit dem Belohnen und Bestrafen zu Lebzeiten nicht immer ganz fair abläuft.

Im Talmud wird einmal die Frage gestellt, wie es sein kann, dass es gute Menschen gibt, denen es zu Lebzeiten nicht gut geht und schlechte Menschen, denen es nicht schlecht geht. Hier hilft im Judentum die Vorstellung von Himmel und Hölle. Sie geht natürlich davon aus, dass ein Lohn im Himmel wertvoller ist als ein irdischer – und die Strafe in der Hölle schlimmer als eine auf Erden. So wird dem guten Menschen, dem es im Leben nicht so gut geht, versprochen, dass er nach dem Tod die ausgleichende Gerechtigkeit erfährt – der Gute wird belohnt, der Böse bestraft.

Natürlich gibt es auch dazu eine Anekdote: Ein Rabbiner saß einmal in einem Taxi, dessen Fahrer wild und aggressiv fuhr. Da sagte der Rabbi zu ihm: „Bitte fahren Sie vorsichtig, es schickt sich nicht, wenn ein Rabbi mit dem Taxi in den Himmel kommt." Da passierte tatsächlich ein Autounfall und die beiden starben. Im Himmel, so sagt man, bekommt jeder ein Haus zugewiesen, das je nach seinen Verdiensten größer und eleganter oder kleiner und spartanischer ist. Zu seiner Überraschung bekam der Rabbiner eine kleine Hütte, während dem Taxifahrer eine herrschaftliche Villa zugeteilt wurde. Als sich der Rabbiner beim Ewigen beschwerte, erklärte ihm dieser: „Während du deine Predigten gehalten hast, sind fast alle eingeschlafen. Wer aber mit diesem Taxifahrer unterwegs war, hat in einem fort gebetet."
Wenn wir schon im Himmel sind, fällt mir die Geschichte eines berühmten Rabbis ein, der nach seinem Tod vom Ewigen eingeladen wurde, um mit ihm Nachtmahl zu essen – eine große Ehre. Es gab Eierspeis und Butterbrot. Am zweiten Abend war der Rabbi wieder eingeladen, da

kredenzte der Ewige Käsebrote. Am dritten Abend gab es immerhin auch ein wenig Thunfisch. Da fragte der Rabbiner, ob er einen Blick in die Hölle werfen dürfe. Dort sah er, wie die Menschen sich an den besten und teuersten Speisen ergötzten. Er fragte den Ewigen: „Wie kann es sein, dass die Menschen in der Hölle so gut essen, während es im Himmel belegte Brote gibt?" Da antwortete der Ewige: „Für uns zwei lohnt es sich nicht zu kochen."

In einer anderen Anekdote wird behauptet, dass Himmel und Hölle nicht an zwei verschiedenen Ecken der Welt, sondern direkt nebeneinander liegen, getrennt durch eine hohe Mauer. Eines Tages fiel diese Mauer in sich zusammen. Es entstand ein Rechtsstreit zwischen den Himmlischen und den Höllischen um die Frage, wer die Mauer wieder aufrichten soll. Die Höllischen gewannen vor Gericht. Warum? Weil es im Himmel keinen einzigen Anwalt gab.

Weil noch nie jemand von dort zurückgekommen ist und uns der Tod Angst macht, behalfen und behelfen wir Juden uns eben mit einem humorvollen Zugang zu Himmel und Hölle.

Die Synagoge in ihrer Vielfalt

Es gibt eine sehr bekannte Geschichte von einem Juden, der eine Schiffsfahrt machte und nach dem Schiffbruch alleine auf einer Insel landete. Diese Geschichte kennen sehr viele Juden und sogar Nichtjuden – denn sie ist leider nicht ganz untypisch für das jüdische Volk.

Unser Jude auf der einsamen Insel also versucht zu überleben, indem er Felder bestellt und Bäume mit Früchten pflanzt. Er baut sich auch ein kleines Häuschen. Nach einigen Jahren kommt ein Schiff, um ihn zu retten. Die Schiffsmannschaft bittet den Juden, an Bord zu kommen. Doch der Jude sagt: „Ich bin bereit zu kommen, aber vorher will ich euch zeigen, was ich hier auf dieser Insel aufgebaut habe." Er führt die Besatzung auf dem Eiland herum, zeigt ihnen sein Haus, seine Gärten, seine Felder und schließlich eine Synagoge. Gleich daneben steht eine zweite Synagoge. Die Schiffsleute sind perplex und fragen ihn: „Du bist doch alleine hier, wieso hast du zwei Synagogen gebaut?" Der Jude deutet verächtlich auf eine der beiden Synagogen und sagt: „In diese würde ich um nichts in der Welt gehen!" Dazu passt auch das Wort: zwei Juden, drei Meinungen.

Man kann darüber lachen, aber eigentlich ist es eine traurige Geschichte. Unter Juden gibt es sehr oft verschiedene Meinungen, was an sich zwar nichts Schlechtes ist. Aber daraus können Konflikte entstehen, die nicht selten dazu führen, dass wir mit manchen anderen Juden nicht einmal mehr in der gleichen Synagoge beten wollen. Dabei sollte die Synagoge nicht der Ort der Differenzen sein – sondern ein Ort der Versammlung, des Zusammenkommens und des gemeinsamen Gebets. Denn wir Juden erleben das Gebet am ehesten in der Gemeinschaft. Es gibt sicherlich Momente wie eine Krisensituation oder ein spontanes freudiges Ereignis, wo jemand etwas allein mit seinem Herrn ausmachen möchte. Aber es gibt auch die Idee der regelmäßigen gemeinsamen Gottesdienste, die in einer Synagoge stattfinden.

Dabei gibt es eigentlich keine biblische Pflicht zu beten. Ein Jude muss auch nicht unbedingt in einer Synagoge beten; er kann es genauso gut zuhause tun. Wir sollten es jedenfalls als Privileg empfinden, dass wir einen Gott haben, der uns zuhört. Das heißt nicht, dass er alles macht, was wir von ihm erbitten. Aber es ist schon etwas Besonderes, dass wir vor ihn treten und beten können.

Von inhaltlichen Differenzen im Judentum handelt auch folgende Geschichte: Einmal ging ein Jude am Donauufer spazieren. Da sah er auf einer Brücke einen Mann, der gerade ins Wasser springen wollte, offensichtlich mit dem Vorhaben, sich umzubringen. Der Spaziergänger lief zu ihm und rief: „Halt! Tu es nicht! Es lohnt sich doch zu leben." Der Selbstmörder sagte: „Nenn mir nur einen einzigen guten Grund, warum ich nicht springen sollte!" Der Spaziergänger hatte einen Verdacht und fragte den Selbstmörder, ob er vielleicht Jude sei. Der bestätigte es. Da sagte der Spaziergänger: „Oh, ich auch. Bist du orthodox oder Reformjude?" – „Ich bin orthodox". Darauf der Spaziergänger: „Ich auch! Bist du sehr streng orthodox oder modern orthodox?" Daraufhin der Selbstmörder: „Ich bin streng orthodox." – „So ein Zufall! Ich auch! Bist du orthodox-chassidisch oder orthodox nicht chassidisch?" – „Nicht chassidisch", und darauf der Spaziergänger: „Oh, ich auch! Kannst du mir noch eine Frage beantworten?" – „Ja, klar." Also fragte er den Selbstmörder: „Trägst du zu Schabbat einen langen oder einen kurzen Rock?"– „Ich trage einen kurzen Rock." – „Du Ketzer!", rief er, und stieß den Mann, den er früher retten wollte, in die Donau.

In vielen Städten, auch in nicht sehr großen, gibt es meist mehrere Synagogen. In Wien zum Beispiel leben heute etwas weniger als 10.000 Juden, und es gibt mehr als zehn Synagogen. Ein Grund dafür ist möglicherweise, dass Wien relativ groß ist und Juden am Schabbat keine Verkehrsmittel benützen sollen. Je nach Wohnort wäre der Fußweg zur Synagoge also sehr weit, wenn es derer nur wenige gibt. Orthodoxe Juden, die am Schabbat niemals mit Verkehrsmitteln fahren, suchen sich daher vor allem in größeren Städten gerne Wohnungen in der Nähe von Synagogen. Dann können sie am Schabbat zu Fuß zum Gebet marschieren.

Dass es mehrere Synagogen in einer Stadt gibt, hat also nicht automatisch mit Zwist und Disput zwischen verschiedenen jüdischen Gruppen zu tun. In Wien zum Beispiel gibt es Juden aus der ehemaligen Sowjetunion, russische Juden, bucharische Juden, georgische Juden und kaukasische Bergjuden. Dazu kommen Juden aus Polen, Ungarn, aus der Slowakei oder aus der Tschechischen Republik. Es gibt Juden, die aus Israel zugewandert sind und sogar Juden, die in Wien geboren wurden.

Die sind wahrscheinlich in der Minderheit. Die Bräuche der einzelnen Gruppen unterscheiden sich. Deshalb bauen sich oft selbst zahlenmäßig kleine Gruppen ihre eigenen Synagogen. Das muss natürlich kein ganzer Tempel sein. Es reicht auch eine Wohnung, die so eingerichtet wird, dass man darin beten kann.

Es ist verständlich, dass ein Jude aus Georgien regelmäßig eine georgische Synagoge besucht. Als Gast bei einer Bar Mitzwa oder einer Hochzeit geht er dann möglicherweise in eine andere Synagoge. Der Stadttempel, also jener Tempel, in dem der Oberrabbiner wirkt, ist eine Art gemischte Synagoge. In Wien hält man dort die guten alten Wiener Bräuche hoch, aber der Tempel ist selbstverständlich offen für alle Menschen aus aller Herren Länder.

Die meisten Wiener Synagogen stehen im Ersten und im Zweiten Bezirk, meist in einem Abstand von einem Kilometer oder ein wenig mehr. So hat ein Jude, der in dieser Gegend wohnt, die Wahl zwischen mehreren Synagogen. Wir wollen diesem Juden dabei helfen, seine Wahl zu treffen. Wenn er in der Früh aufsteht und sich fragt, in welche Synagoge er heute gehen soll, kommt ihm ein jüdischer Brauch namens Halacha zupass. Er besteht aus zwei Anweisungen:
    Der eine Rat ist, dass der Jude in die Synagoge gehen soll, die möglichst weit weg von ihm ist. Denn jeder Schritt, den er dorthin tut, werde im Himmel registriert.

Und je weiter er marschiert, desto mehr „Lohn" wird in Summe für ihn bereitstehen.

Die andere Anweisung aus diesem Brauch ist dazu etwas widersprüchlich: Dass man nämlich Gebote, die man gleich erfüllen kann, nicht aufschieben soll. Angewandt auf das Dilemma mit der Wahl der Synagoge bedeutet dieser Ratschlag: Wenn sich unser Jude in der Früh auf den Weg macht, nach 500 Metern schon zu einer Synagoge kommt und bis zur nächsten noch ein paar hundert Meter zu gehen hätte, dann soll er in die erste Synagoge gehen. Denn er soll ja beten, sobald er kann.

Die Entfernung zu einer Synagoge ist aber nicht das einzige Kriterium für ihre Wahl. Was macht unser Jude zum Beispiel, wenn er wie der Gestrandete auf der Insel eine Synagoge lieber hat als die andere? Hier empfehle ich: Er möge in jene Synagoge gehen, in der er am ehesten mit tiefer Inbrunst beten kann, wo er Menschen kennt und Freunde hat, aber von ihnen nicht während des Gottesdienstes abgelenkt wird. Er soll insbesondere dorthin gehen, wo ein Rabbiner wirkt, den er schätzt und dessen Predigten er genießt.

Ein gläubiger Jude möge sich, wenn er kann, einen fixen Platz in einer bestimmten Synagoge „reservieren", weil er dort nicht abgelenkt wird von der Umgebung und am besten beten kann; weil er dort quasi zuhause ist. Entscheidend für die Wahl der Synagoge ist also nicht die größere oder kleinere Entfernung zu ihr. Entscheidend ist, dass die Synagoge dem Menschen ermöglicht, sich beim Beten dort wohlzufühlen.

Zu den hohen Feiertagen ist es in den meisten Synagogen üblich, dass sich die Besucherinnen und Besucher fixe Plätze „kaufen", die ihnen dann das ganze Jahr zur Verfügung stehen. In den meisten Synagogen werden diese Plätze jedes Jahr an dieselben Leute verkauft, weil diese sich an ihre Plätze gewöhnt haben. Manchmal gibt es sogar beim Platz eine Lade, in die man ein Gebetbuch legen kann.

Dass man in einer Synagoge Plätze reservieren kann, klingt für manchen vielleicht befremdlich. Warum also ist das so? Es liegt daran, dass eine Synagoge viele Spesen zu zahlen hat. Sie muss den Rabbiner, den Kantor und den Tempeldiener bezahlen, und so kann man erwarten, dass die Menschen, die regelmäßig dort beten, die Synagoge unterstützen, indem sie einen Sitz reservieren.

In den orthodoxen Synagogen sitzen Männer und Frauen übrigens nicht nebeneinander, auch nicht die Ehemänner neben ihren Ehefrauen. Und in einer Synagoge wird nicht nur gebetet, es passiert auch sozialer Austausch bis hin zum Tratsch. Das freut den Kantor nicht immer, er will ja gehört werden. Aber ein wenig geht es in der Synagoge immer zu wie in der sprichwörtlichen „Judenschul". Deshalb hat man sich immer wieder Gedanken gemacht, wer am besten wo sitzt. Vor allem neue Mitglieder sollen die Möglichkeit haben, zu wählen, wo sie gerne sitzen möchten. Dafür hat ein Spaßvogel einmal ein Formular entwickelt, in das man jenen Sitz eintragen kann, von dem man denkt, dass er gut zu einem passt.

Einmal konnte ich einen Blick auf dieses natürlich nicht ernst gemeinte Formular werfen. Darauf kann man ankreuzen, welche Themen einen besonders interessieren. Es gibt Leute, die einfach ein bisschen tratschen wollen, und Leute, die zu einem bestimmten Thema tratschen wollen. Man kann zum Beispiel eintragen, dass man gerne einen Sitznachbarn hätte, mit dem man über Aktien sprechen kann, oder über Mode, was manchen Damen wichtig ist. Besonders beliebt ist es natürlich, mit dem Sitznachbarn über den Rabbiner zu plaudern, über den Kantor, über den Tempelvorstand und den Tempeldiener.

Zusätzlich zu den gemeinsamen Gesprächsthemen gibt es auf diesem Formular noch andere Gründe, warum man in der Synagoge diesen oder jenen Platz haben möchte. Manche Frauen und Männer, die getrennt sitzen, wollen miteinander in Blickkontakt treten können oder sich über Zeichensprache austauschen können. Es gibt aber auch die gegenteilige Variante: Dass zum Beispiel Frauen so sitzen wollen, dass sie ihren Mann eben *nicht* sehen können. Und dann gibt es Leute, die einen eher versteckten Platz suchen. Weil sie zum Beispiel plaudern wollen, während der Rabbiner spricht – oder einfach eine Runde schlafen.

BETEN, GLAUBEN UND ZWEIFELN

Eines der wichtigsten Gebote im Judentum ist es, an Gott zu glauben. Wer leugnet, dass der Ewige als Schöpfer existiert und dass er die Vorgänge in der Welt nicht nur betrachtet, sondern auch lenkt, der zweifelt eine der Grundlagen des Judentums an. Es kann aber sein, dass ein Mensch durch bestimmte Erlebnisse in seinem Leben daran zu zweifeln beginnt, dass es einen Gott gibt. So erging es vielen Juden in der Schoah. Zweifel an der Existenz Gottes und die Leugnung seiner Existenz sind zwei Paar Schuhe – trotzdem sollte man sich bemühen, auch die Zweifel zu überwinden.

Wir finden in der Bibel keine direkten Aussagen dazu, dass Beten ein Gebot wäre. Aber es gibt Andeutungen. Manche sagen, dass das deswegen so ist, weil das Gebet keine Vorschrift sein soll, sondern dass wir uns privilegiert fühlen sollen, dass der Ewige bereit ist, unsere Gebete zu hören. Denn es ist nicht selbstverständlich, dass unsere Gebete erhört und unsere Wünsche erfüllt werden. Aber sie vor dem Ewigen vorbringen zu dürfen – das alleine hat schon einen Wert.

Das Gebet soll auch nicht den Willen des Ewigen verändern. Es soll uns verändern. Wir sollen durch das Gebet mehr Vertrauen in Gott und eine optimistische Lebenshaltung gewinnen. Dies wiederum kann dazu führen, dass Gott die Umstände verbessert, unter denen er uns leben lässt.

Wichtiger als die Frage, wo und wann wir beten, ist die Haltung gegenüber Gott, die wir dabei einnehmen. Dazu passt folgende kleine Geschichte: Ein Rabbi und sein Schüler sahen einmal, wie ein Kutscher betend die Räder seiner Kutsche schmierte. Da rief der Schüler: „Das ist eine Provokation! Wenn er seine Räder schmiert, kann der Kutscher doch nicht ordentlich beten." Der Rabbi, der immer Gutes über die Menschen sagte, antwortete: „Das musst du anders sehen: Er betet sogar beim Räderschmieren."

Das einzige Gebet, das ganz deutlich in der Tora erwähnt wird, ist das Tischgebet. Jenes Gebet also, das wir Juden sprechen, nachdem wir gegessen haben. Da heißt es im 5. Buch Moses: „Wenn du isst und satt wirst, dann sollst du den Ewigen, deinen Gott loben und ihn preisen."

Das Tischgebet beinhaltet eine der wichtigsten Grundlagen des Judentums – nämlich Dankbarkeit. Auf sie werde ich später in diesem Buch ausführlicher zu sprechen kommen. Das Wort „Dank" heißt im Hebräischen „Toda". Wenn man ein bisschen mit den Buchstaben spielt, erkennt man, dass das Wort „Jude" und das Wort „Toda" im Hebräischen denselben Wortstamm haben.

Nun kann es natürlich sein – und auch hier geht es ums Zweifeln –, dass jemand gegessen hat, dann kurzfristig etwas anderes tun musste und deshalb vergessen hat, das Tischgebet zu sprechen. In diesem Fall muss er das Gebet nach talmudischer Lehre später nachholen. Es gibt aber noch einen komplizierteren Fall: Wenn sich der Mensch aus unserem Beispiel nicht mehr erinnern kann, ob er das Tischgebet schon gesprochen hat oder nicht. Was macht er also, wenn er darüber im Zweifel ist? Wenn es sich wie im Falle des Tischgebets um ein Gebot der Tora handelt, so gilt laut Talmud im Zweifel die strengere Auslegung. Das würde in diesem Fall bedeuten, dass man das Gebet nachholen muss.

Die Gesetze der Tora und die Erläuterungen im Talmud werden in einem Gesetzeswerk namens Shulchan Aruch zusammengefasst. Es wurde im 15. Jahrhundert verfasst. Auch dort steht geschrieben, dass jemand, der sich nicht sicher ist, ob er das Tischgebet gesprochen hat, es zur Sicherheit wiederholen muss. Es gibt aber Situationen, die nicht in diesen Kodices geregelt sind. In diesem Fall sollte man zu einem Rabbiner gehen und ihn fragen, was die richtige Entscheidung ist.

So kam in einer Talmudschule in Jerusalem einmal ein Student zum Schulleiter, dem weisen Rabbi Schlomo Salman Auerbach (1910–1995), und erzählte ihm: „Ich habe gegessen, aber möglicherweise das Tischgebet vergessen. Was soll ich tun?" Die anderen Schüler hörten die Frage. Weil die Regel mit der Wiederholung des Tischgebets sehr bekannt ist, erwarteten sie natürlich, dass der Rabbi sagen würde, der Schüler muss das Gebet noch einmal sprechen. Zu ihrer Überraschung aber antwortete Rabbi Auerbach dem Schüler: „Mein

Lieber, du musst das Tischgebet nicht noch einmal sprechen." Als der Schüler fort war, kamen die anderen zum Rabbi und sagten: „Aber es ist eindeutig im Talmud erklärt und im Shulchan Aruch festgelegt, dass jemand, der im Zweifel ist, das Gebet wiederholen muss." Da erklärte der Rabbi: „Der Shulchan Aruch besteht aus mehreren Teilen. Einer handelt von den Gebeten und Feiertagen, einer von den Ehegesetzen, der dritte vom koscheren Essen und im vierten geht es um Zivil- und Strafrecht." Dann fragte Rabbi Auerbach seine Schüler plötzlich: „Also wie viele Teile hat der Shulchan Aruch nun?" – „Vier, natürlich", sagten sie. Wieder antwortete Rabbi Auerbach etwas Überraschendes: „Nein, der Shulchan Aruch hat fünf Teile. Die ersten vier habe ich gerade erwähnt. Der fünfte aber ist jener Teil, bei dessen Anwendung man den Charakter des Fragenden berücksichtigen, sein Leben kennen und ihm helfen muss. Ist jemand nicht sicher, ob er ein Gebot eingehalten hat, ist die Wahrscheinlichkeit normalerweise fifty-fifty. Diesen Schüler aber kenne ihn seit vielen Jahren, und ich habe selten einen Menschen gesehen, der es mit den Geboten und Gebeten so genau nimmt wie er. Ich habe oft beobachtet, wie er voll Inbrunst das Tischgebet sprach. Er hat es zu neunundneunzig Prozent nicht vergessen. Also muss die Entscheidung sein, dass er es nicht noch einmal sprechen muss."

Natürlich haben auch Rabbiner manchmal ihre Zweifel. Einmal am Jom Kippur, als alle Chassidim (Anhänger) eines großen Rabbis mit Inbrunst zum

Ewigen beteten, um Verzeihung für ihre Sünde zu erlangen, seufzte der Rabbiner: „Ihr wisst gar nicht, wie mich die Zweifel plagen, ob ich viel gesündigt habe." Die Chassidim versammelten sich um ihn und alle bis auf einen beruhigten den Rabbi, dass ein so gerechter Mensch wie er sicher keine Sünden begangen habe. Nur einer wendete sich zum Rabbi und sagte. „Auch der gerechteste Mensch kann sündigen und so liegt es an euch, lieber Rabbi, den Ewigen um Verzeihung zu bitten." Da sagte der Rabbi: „Ich liebe euch alle, aber am liebsten ist mir dieser Chassid, weil er mir geholfen hat, meine Fehler zu erkennen – und zu bereuen."

Wie zu fast allen „jüdischen Themen" gibt es auch zum Beten unzählige lustige und kluge Geschichten. So standen in einer Synagoge einmal zwei Juden nebeneinander und beteten. Der eine war sehr reich, der andere sehr arm. Da hörte der Reiche, wie der Arme von Gott einhundert Euro erbat. Der Reiche steckte die Hand in seine Tasche – es war zum Glück nicht am Schabbat, wo man kein Geld dabei hat –, und gab dem Armen einhundert Euro. Dann sagte er zu ihm: „Da hast du dein Geld, und nun lenk ihn mir nicht weiter ab, ich habe höhere Ansprüche an ihn."

Die Klagemauer
Es gibt einen Platz, den Juden auf der ganzen Welt als besonders heilig empfinden und wo sie eine besondere Nähe zum Ewigen spüren: die Westmauer in Jerusalem. Diese Mauer ist etwa zweitausend Jahre alt, auf Deutsch

wird sie Klagemauer genannt, aber nicht auf Hebräisch. Denn sie ist nicht nur zum Klagen da, es werden dort auch fröhliche Feste gefeiert. An dieser Mauer gibt es einen Brauch: Menschen, die besonders tiefe Wünsche oder Nöte in sich spüren, können sie auf kleine Zettel schreiben und diese in die Ritzen der Mauer stecken. Mit diesen Zetteln ist es wie mit dem Briefgeheimnis – es geht niemanden etwas an, was ein anderer darauf schreibt. Die Menschen glauben, dass einzig der liebe Gott ihre Wünsche liest.

Einmal ging ein Rabbiner zum Beten zur Klagemauer. Dort sah er einen Juden, der gerade einen kleinen Zettel in eine Mauerritze schob. Der Zettel fiel heraus und dem Rabbiner vor die Füße. Darauf stand: „Lieber Gott, ich werde meine Tochter verheiraten und bin in großen Nöten. Vielleicht kannst du mir die 1.000 Dollar schicken, die ich noch brauche." Der Jude hatte sogar seinen Namen und seine Adresse auf den Zettel geschrieben. Der Rabbiner war von der Bitte so berührt, dass er eine Sammlung startete. Nach einigen Tagen ging er zum Haus des Mannes und brachte ihm die 800 Dollar, die er gesammelt hatte. Einige Tage später sah der Rabbi wieder, wie jener Jude einen Zettel in eine Mauerritze steckte. Auch dieser Zettel fiel ihm vor die Füße. Da las der Rabbi: „Lieber Gott, danke für das Geld. Aber bitte schick es mir nächstes Mal nicht mehr mit diesem Rabbiner. Er hat sich 200 Dollar in die Tasche gesteckt."

Der Friede in der Bibel und im Talmud

Der hebräische Begriff Schalom bedeutet Friede – und er ist durch seine Verwendung als Grußformel allgemein bekannt. Wenn wir Juden einen Menschen persönlich grüßen, sagen wir Schalom Alechem – der Friede sei mit dir. Auch die Moslems kennen diesen Gruß, der bei ihnen Salem Aleikum lautet. Schalom bedeutet aber auch Vollständigkeit – und das weist darauf hin, dass alle Errungenschaften des Lebens nur dann einen Wert haben, wenn sie nicht durch Hass oder Krieg zerstört werden.

Der berühmte König David durfte, weil er in seinem Leben zahlreiche Kriege führen musste, den Tempel in Jerusalem nicht bauen. Es war erst seinem Sohn Salomon erlaubt. Über ihn sagt der Ewige im 1. Buch der Chronik, dem letzten Buch der Bibel: „Salomon wird ein Mann des Friedens sein. Ich werde ihm Frieden vor all seinen Feinden verschaffen." Im 3. Buch Moses, Leviticus, wird der Begriff des Friedens dann in zweierlei Hinsicht interpretiert. Da heißt es: „Wenn ihr in meinen Satzungen wandelt und meine Gebote beobachtet, dann will ich Frieden zwischen den Bürgern im Land geben und das Schwert wird nicht in euer Land eindringen." Der innere Frieden ist hier also nicht weniger wichtig als der äußere.

Bei uns Juden ist Krieg zur Selbstverteidigung allerdings erlaubt. Der Prophet Jesaia sagt erst für die Zeit der vollkommenen Erlösung voraus, dass es gar keinen Krieg mehr geben wird. Er formuliert: „Sie werden ihre Schwerter zu Sicheln machen und ihre Lanzen zu Rebenmessern." Ich habe mich oft gefragt: Was macht man mit all den vorhandenen Waffen in der Welt, wenn es irgendwann keinen Krieg mehr gibt? Muss man die alle vernichten? Jesaia gibt mir in seinem Ausspruch die Antwort: Man kann sie zu nützlichen Geräten wie Rebenmessern umschmieden. Und er setzt fort: „Nicht wird ein Volk gegen das andere das Schwert erheben und sie werden nicht mehr die Kriegskunst studieren." Das heißt: Alle Militärakademien, die man nicht mehr braucht, weil es keinen Krieg mehr gibt, werden geschlossen und in Friedensschulen umgebaut.

Im letzten Vers des Psalm 29 steht geschrieben: „Der Ewige wird seinem Volke Kraft verleihen, und er wird es mit Frieden segnen." Diese Stelle drückt aus, dass Friede nicht das Ergebnis von Schwäche sein muss, sondern dass gerade der Starke die Fähigkeit besitzt, Friede zu erschaffen. In den Sprüchen der Väter (Kap. 1 Vers 18) heißt es, dass die Welt auf drei Säulen steht: auf der Wahrheit, auf dem Recht und auf dem Frieden. Im babylonischen Talmud, Abschnitt Schabbat 10b, steht sogar, dass Schalom – also Friede – einer der Namen des Ewigen ist.

Es heißt im Talmud auch, dass es uns um des Friedens willen sogar erlaubt ist, einen Sachverhalt ein wenig verändert darzustellen. Als Beispiel möchte ich die Geschichte von Josef und seinen Brüdern erzählen: Die Brüder des Josef verkauften ihn als Kind nach Ägypten, wo er später zum Vizekönig aufstieg. Als eine Hungersnot im Lande Israel ausbrach, kamen die Brüder nach Ägypten, um beim Vizekönig Nahrung zu kaufen. Josef war inzwischen herangewachsen und trug einen Bart, sodass ihn seine Brüder nicht erkannten. Er aber erkannte sie, gab sich ihnen zu erkennen und sie schlossen Frieden. Als nach einiger Zeit ihr gemeinsamer Vater Jakob starb, da fürchteten die Brüder, dass Josef nur auf den Tod Jakobs gewartet hatte, um sich an ihnen zu rächen. Also gingen sie zu Josef und erzählten ihm (Genesis 50), dass der Vater ein mündliches Testament hinterlassen habe, in dem stand, dass Josef seinen Brüdern die Missetat und ihre Schuld vergeben solle. Das entsprach nicht ganz der Wahrheit. Doch Josef weinte, als er es hörte, und sprach zu seinen Brüdern: „Fürchtet euch nicht, denn wenn ihr auch Böses gegen mich gesonnen habt, hat Gott es zum Guten gewandelt, und so konnte ich euch und das ägyptische Volk vor der Hungersnot retten." Warum Josef weinte? Er war traurig, weil seine Brüder ihm zugetraut hatten, dass er sie nur schonte, so lange der gemeinsame Vater noch lebte. Jakob hatte die Bitte, dass Josef seine Brüder verschonen solle, entgegen deren Behauptung zwar nie ausdrücklich formuliert. Aber die Brüder haben wohl dennoch im Sinne des Vaters gehandelt, der sicher wollte, dass seine Söhne auch nach seinem Tod friedlich und freundschaftlich miteinander auskommen.

Der Friede des Oberrabbiners
Der Friede ist ein Thema, das mich schon immer sehr interessiert hat. Der erste Vortrag, den ich als Oberrabbiner vor etwa vierzig Jahren gehalten habe, behandelte die Themen Krieg und Frieden. Als im September 1993 bekannt wurde, dass es in Oslo ernstzunehmende Friedensverhandlungen zwischen Israel und den Palästinensern gegeben hat und dass Chancen auf einen Friedensprozess bestanden, war ich begeistert von dieser Entwicklung. Es war einige Tage vor dem Versöhnungstag Jom Kippur und so habe ich das Thema des Friedenschließens in meine Predigten einbezogen. Rund um Jom Kippur ist es ja üblich, dass man sich mit anderen Menschen versöhnt – und so erschien mir dieses Thema aktuell und passend.

Ich war überzeugt davon, dass die meisten Rabbiner das genauso sehen würden wie ich. In der kurzen Zeit der Vorbereitung konnte ich die Frage aber nicht mit Kollegen erörtern. Zu meiner Überraschung stellte ich schließlich fest, dass ich mit meiner Freude über die Friedenssignale zwar nicht alleine unter den Rabbinern war – positive Signale kamen etwa von den Oberrabbinern von England und Frankreich –, aber viele Rabbiner reagierten erstaunlich negativ auf das Osloer Abkommen. Der Grund war sicher nicht, dass sie gegen den Frieden waren. Vielmehr hatten sie Bedenken, dass das Friedensangebot der palästinensischen Seite nicht ganz ernst gemeint war. Für viele waren aber auch religionspolitische Überlegungen wichtig, da ein Friedensschluss mit der Rückgabe von Territorien verbunden gewesen wäre. Dies steht für streng zionistische und religiöse Juden im Widerspruch zum Gebot, ins Land Israel zu ziehen und dieses zu besiedeln.

Bereits nach dem Sechstagekrieg 1967 hatte sich eine theologische Diskussion zur Frage entwickelt, ob man eroberte Gebiete zurückgeben solle, um Frieden zu erreichen oder ob dies ein Zeichen von Schwäche wäre, das den Frieden eher hemmen würde. Eine der höchsten jüdischen Autoritäten, der frühere sephardische Oberrabbiner Ovadia Josef (1920–2013) meinte damals beispielsweise, dass das Retten von Menschenleben im Judentum so hohe Priorität habe, dass sogar die Rückgabe eines Teils des Heiligen Landes religiös zulässig – und vielleicht sogar geboten – wäre. Auch ich vertrete diese Meinung. Andere wiederum argumentierten, dass es gar nicht sicher sei, dass man Menschenleben rettet, indem man ein Teil des Landes zurückgibt. Denn möglicherweise könnte diese Politik Israel als Schwäche ausgelegt werden, zu Terrorattentaten führen und so möglicherweise sogar Leben kosten.

Anlässlich einer Buchpräsentation in der Österreichischen Nationalbibliothek nach der Ermordung des israelischen Premierministers Jitzchak Rabin im Jahr 1995 lernte ich dann den Bruder des damaligen Königs von Jordanien, Kronprinz Hassan, kennen. Er war im arabischen

Raum einer der bedeutendsten Friedensstifter und in Jordanien zuständig für internationale diplomatische Friedensbemühungen. Wir beschlossen in Wien, gemeinsam für den Frieden zwischen Israel und den Palästinensern zu wirken und uns über die Chance des Friedens austauschen. Kurz darauf lud Kronprinz Hassan mich nach Amman ein, um dort weitere Gespräche zu führen.

Bei meinem Besuch gab es ein Essen in der österreichischen Botschaft. Ich spürte von Seiten der jordanischen Gäste zunächst eine eher reservierte Haltung; vielleicht, weil sie gehört hatten, dass viele Rabbiner den Friedensprozess nicht sehr begeistert verfolgten. Die Stimmung besserte sich dann aber rasch im Laufe des Gesprächs. Ich habe vor allem meine Meinung ausgedrückt, die übrigens bis heute gilt, dass beide Seiten tiefgreifende Kompromisse eingehen müssen, damit es zu einer Annäherung kommt.

Als Kronprinz Hassan im Dezember 1998 dann zu einer vom Institut für die Wissenschaften vom Menschen organisierten Friedenskonferenz nach Wien kam, lud er mich ins Hotel ein. Er las mir zwei kurze Texte vor, die er am Abend in seiner Rede zu verwenden gedachte, und wollte meine Meinung dazu hören. Dass er mich um meine Einschätzung gebeten hat, am Abend den von mir empfohlenen Text verwendet und mich in seinem Vortrag als seinen Freund und „Berater" bezeichnet hat, all das zeigte, dass wir einander gut verstanden. Und es bedeutete mir sehr viel.

Jitzchak Rabin

Kurz bevor der israelische Ministerpräsident Jitzchak Rabin 1995 ermordet wurde, bin ich mit einem Brief an ihn herangetreten. Darin habe ich angeregt, in Israel ein religiöses Lehrinstitut für Judentum und Frieden zu gründen. Ich argumentierte, dass Frieden kein Monopol der Linken sei, sondern dass Religion im Allgemeinen und die jüdische Religion im Speziellen dem Frieden eine herausragende Bedeutung einräumen. Ich ersuchte Rabin in meinem Schreiben um seine Unterstützung für diese Idee. Ein Mitglied meiner Wiener Gemeinde war ein persönlicher Freund von ihm. Der Ministerpräsident habe meinen Gedanken sehr begrüßt, berichtete mir mein Bekannter später.

Als Rabin umgebracht wurde, war die Bestürzung weltweit groß. Es war nicht nur der Mord an sich, der die Menschen bewegte. Es war vor allem die Tatsache, dass da ein Mann getötet worden war, der für den Frieden im Nahen Osten ganz neue Wege gewählt hatte. Ich war besonders bestürzt und betroffen von der Tatsache, dass der Mörder ein „religiöser" Jude war.

Am Ende der jüdischen Trauerwoche, genannt Schiwa, wurde der Platz, auf dem Rabin ermordet wurde, von Kikar Malche Jisrael (Platz der Könige Israels) auf Jitzchak-Rabin-Platz umbenannt. Ich fand die Namensänderung symbolisch äußerst passend. Denn Rabin hatte gehandelt wie ein König. Beseelt vom Gedanken des Friedens für sein Land und vom Bemühen um die Ehre und Sicherheit des Staates Israel hatte er mutige

Entscheidungen getroffen und seine Autorität zum Wohle Israels eingesetzt.

Bei einem Trauergottesdienst für Ministerpräsidenten Rabin in Wien einen Monat nach seinem Tod zitierte ich in meiner Predigt ein rabbinisches Wort aus dem Talmud, in dem es wörtlich heißt: „Der ist ein Held, der imstande ist, aus Feinden Freunde zu machen." Ich rühmte Rabin im Besonderen dafür, dass er, der als General und Verteidigungsminister jahrzehntelang in der israelischen Armee gedient und gekämpft hatte, zu der unglaublichen Wandlung imstande gewesen war, zum israelischen Führer des Friedensprozesses zu werden.

Als ich ein Jahr später zum ersten Jahrestag der Ermordung sprach, habe ich diesen Gedanken abgewandelt und um einen Vers aus den Sprüchen Salomons ergänzt, in dem es heißt: „Es gibt eine Zeit zu lieben und eine Zeit zu hassen, es gibt eine Zeit für den Krieg und eine Zeit für den Frieden." (Kohelet 3,8). Basierend auf dieser Stelle präzisierte ich meine Einschätzung zu Jitzchak Rabin. Hatte ich ursprünglich gesagt, dass in Rabin eine Wandlung stattgefunden habe, als er vom Krieger zum Friedenshelden mutierte, so war ich nun überzeugt, dass Rabin immer ein Diener des Volkes Israel gewesen war – ohne seinen Charakter dafür ändern zu müssen. Als es „Zeit für den Krieg" war, stand er in der ersten Reihe des Militärs, um Israel zu beschützen. Als aber die „Zeit für den Frieden" kam, erkannte er seinen Dienst am Volke Israel darin, für den Schutz und das Wohl dieses Landes zu wirken. Das gelang am ehesten, indem er versuchte, mit den arabischen Nachbarn Frieden zu schließen.

Wir Juden sagen drei Mal täglich stehend ein Gebet, das mit folgenden Worten endet: „Ewiger, der du Frieden in den Höhen stiftest, mache auch Frieden für uns, für alle Menschen, und für dein Volk Israel." Beim Sprechen dieser Bitte gehen wir mit dem Gesicht nach vorne gerichtet drei Schritte rückwärts. Das machen wir deshalb, weil man einem König wie dem Ewigen nicht einfach den Rücken kehrt, wenn man von ihm weggeht.

Meine Interpretation dieses Brauches ist die folgende: Wenn jemand wirklich Frieden will, so kann er es nicht dem Ewigen allein überlassen, diesen Frieden zu bringen. Auch er selbst muss bereit sein, von seinen Maximalforderungen abzurücken und einige Schritte zurückzuweichen.

Das Trennende und das Verbindende

Fremdenhass

Im Jahre 1993 fand am Wiener Heldenplatz das sogenannte Lichtermeer statt, eine große Demonstration, bei der 300.000 Menschen mit Kerzen in den Händen ihre humane Einstellung gegenüber Fremden und ihre Ablehnung von Fremdenfeindlichkeit ausdrückten. Es war eine zutiefst beeindruckende Demonstration der Menschlichkeit. Auch ich als Oberrabbiner durfte dort sprechen. Und ich habe mit Jazz Gitti ein jüdisches Lied über den Frieden gesungen.

Schon vorher hatte ich mich mit der jüdischen Einstellung zu Fremden beschäftigt und dafür zunächst in die Bibel geschaut. Ich habe faszinierende Zitate gefunden, wie man sich zu Fremden verhalten soll. Einige davon, die mir besonders schön und relevant erscheinen, möchte ich hier vorstellen und kommentieren. Das Wort Gottes in der Bibel ist präzise und erklärt sich großteils von selbst, aber man kann die Zitate ein bisschen interpretieren.

So findet sich im 2. Buch Moses, Exodus 22/20, die Formulierung: „Einen Fremden sollst du nicht kränken und ihn nicht bedrücken." Kränken heißt in diesem Zusammenhang, den Fremden mit Worten zu beleidigen. Das drückt aus, dass wir mit unserer Sprache Fremden gegenüber sensibel sein sollen. „Bedrücken" bezieht sich auf Taten, die wir besser unterlassen sollen.

Eine andere Stelle aus dem 2. Buch Moses, Exodus 23/9, lautet: „Einen Fremden sollst du nicht bedrücken; ihr wisst doch, wie dem Fremden zu Mute ist, denn Fremdlinge wart ihr im Lande Ägypten." In diesem Bibelvers kommt abermals das Wort „bedrücken" vor, zusätzlich wird aber begründet, warum man den Fremden nicht benachteiligen soll. Das ist aus der Geschichte der Juden erklärbar: Wir, die wir selbst Fremde in Ägypten waren, wissen aus unserer eigenen Geschichte, wie schmerzlich es sein kann, wenn man in einem Land unerwünscht ist.

Diese beiden Stellen verbieten also die Diskriminierung von Fremden. An einer anderen Stelle geht die Bibel noch weiter, wenn es im 5. Buch Moses, Deuteronomium 1, 16 heißt: „Ein Recht sei euch – der Fremde sei wie der Eingeborene, denn ich, der Ewige, bin euer Gott." Hier kommt zum Ausdruck, dass Fremde gleichberechtigt sein sollen. Das ist heute nicht einmal in modernen demokratischen Ländern der Fall. In der Bibel wird am Ende des Satzes noch eine theologische Dimension hinzugefügt: Gott selbst, der uns alle erschaffen hat, die Staatsbürger und die Fremden, fordert von uns, alle Menschen gleich zu behandeln.

Nun kommt eine Stelle, in der die Fremden sogar bevorzugt werden: „Wenn ihr in eurem Lande erntet, so sollt ihr die Ecken eures Feldes nicht ganz abernten; den Armen und den Fremden sollt ihr sie überlassen." (3. Buch Moses, Leviticus 19, 9–10). Hier wird der Fremde dem einfachen Bürger sogar vorgezogen, er teilt das Sonderrecht mit einem weiteren. Beide – der Fremde und der Arme – erhalten diesen Vorteil aber nur deshalb, weil sie zunächst wirtschaftlich benachteiligt sind. Es ist also ein Ausgleich, der hier stattfindet.

In einer weiteren Bibelstelle, 5. Buch Moses, werden die Fremden mit schutzlosen Witwen und Waisen gleichgesetzt, die man nicht benachteiligen darf. Dort heißt es: „Denn der Ewige schafft Gerechtigkeit für die Waisen und Witwen und er liebt den Fremdling ihm Brot und Kleidung zu geben." Natürlich ist Liebe in diesem Zusammenhang keine emotionale Angelegenheit, sondern beschreibt die Aufgabe, die Bedürftigen materiell zu unterstützen.

Was hier neu ist: Dass der Ewige sogar selbst eingreift, wenn wir nicht von alleine die Schwachen schützen. Darauf sollte man aber nicht warten, sondern vorher selbst aktiv werden und den Bedürftigen helfen.

Das ist aber noch nicht genug. Im nächsten Vers verlangt der Ewige von uns Menschen sogar: „Liebt den Fremden." (Deuteronomium 10, 19). Diese Zeilen helfen uns, einen anderen, sehr bekannten Bibelvers besser zu verstehen. Er lautet: „Liebe deinen Nächsten wie dich selbst." (Leviticus 19, 18). Es gibt viele unterschiedliche Ansichten dazu, wer dieser „Nächste" ist. Manche behaupteten sogar, dass wir Juden die Nächstenliebe auf unsere Glaubensbrüder beschränken. Der Vers „Liebt den Fremden" jedoch beweist, dass es nicht so gemeint ist, sondern dass sich die Nächstenliebe auf alle Menschen bezieht.

Abschließend möchte ich noch einen schönen Vers der Bibel zitieren: „Du sollst nicht einen Sklaven, der sich zu dir flüchtet, an seinen Herrn ausliefern. Bei dir soll er bleiben, in deiner Mitte, an dem Orte, den er in einer deiner Städte wählt, wo es ihm gefällt." (5. Buch Moses Deuteronomium 23 16–17). Erinnert uns das nicht ein wenig an heute?

Fundamentalismus
Das Judentum betreibt keine Mission. Wir glauben zwar fest, dass es einen Gott gibt, aber wir fühlen uns nicht verpflichtet, andere Menschen zum Judentum zu bekehren. Aber natürlich gefallen uns die Voraussagen der Propheten, dass es einmal einen Tag geben wird, an dem alle Völker der Erde erkennen, dass es nur einen Gott gibt.

Wenn wir sagen, dass es im Judentum keine Mission nach außen gibt, so stimmt das nicht für die Mission nach innen. Es gibt Menschen, die nie wirklich gläubig waren, und es gibt solche, die einmal gläubig waren und die Gebote eingehalten haben, dann aber ihren Glauben an Gott verloren haben. Das ist vielen Menschen durch die Schoah so ergangen. Das kann man ihnen nicht vorwerfen, und ich bin der Letzte, der das tun würde. Trotzdem kann man probieren, jene Juden, die vom Glauben abgefallen sind, zu ihm zurückzubringen.

Zur Mission nach innen gibt es einen Vers in der Tora, in dem es in Bezug auf die vom Glauben Abgefallenen heißt: „Hasse deinen Bruder nicht in deinem

Herzen, vielmehr sage ihm, dass er etwas Falsches getan hat." Denn wer seine ungläubigen Mitmenschen gewähren lässt und nicht versucht, sie zu verbessern, der zeigt damit keine Liebe, sondern Gleichgültigkeit. Das Gegenteil von Liebe ist eben nicht Hass, sondern Gleichgültigkeit. Wenn ich mich aber verpflichtet fühle, dem anderen den richtigen Weg zu weisen, dann ist das wiederum kein Zeichen von Ablehnung, sondern ein Zeichen dafür, dass er mir wichtig ist.

Natürlich birgt dieses Gebot die Gefahr, dass wir zu Fundamentalisten werden – in der Theorie und in der Praxis. Ich habe viel über Fundamentalismus gelesen und eine eigene Theorie dazu entwickelt, wie er entsteht. Ich glaube, dass religiöse und observante Juden, also jene, die die biblischen Gesetze befolgen, so brav wie möglich ihre Pflichten erfüllen wollen. Ein Fundamentalist hingegen spielt den Polizisten Gottes. Er will, dass der andere möglichst so ist, wie er, der Fundamentalist, glaubt, dass er richtig liegt. Gerade im Zusammenhang mit heutigen Fundamentalisten, und zwar nicht im Judentum, sondern in anderen Religionen, erlaube ich mir zu sagen, dass diese oft gegen ihre eigenen Glaubensbrüder auftreten: Weil sie von ihnen erwarten, dass sie brav oder überbrav dem gemeinsamen Glauben folgen.

Körperliche oder politische Gewalt, die das Ziel hat, religiöse Ziele durchzusetzen oder andere für ihren

„Unglauben" zu bestrafen, muss man Fundamentalismus nennen. Ein Fundamentalist glaubt oft, dass er direkt von seinem Gott angesprochen wurde, der ihm persönlich mitteilt, was er tun soll. Wir sehen bei schrecklichen Terroranschlägen, dass diese oft mit dem Gebet „Allahu Akbar", mit „Gott ist mächtig", eingeleitet werden. Diese Worte des Gebets gehören eigentlich in der Moschee oder auf dem Gebetsteppich gesprochen. In dem Augenblick, wo jemand beim Vollzug eines Mordes oder Massenmordes diese Worte verwendet, ist das ein Missbrauch Gottes. Der frühere Oberrabbiner von England, Lord Jonathan Sachs, hat ein ganzes Buch mit dem Titel „Not in God's name" darüber geschrieben.

Meiner Beobachtung nach sind Fundamentalisten vollkommen humorlos und meist völlig frei von Selbstkritik. Humor verlangt von uns einen gewissen inneren Abstand zu den Dingen, wie ich auch im Humor-Kapitel dieses Buches beschreibe. Ich habe aber noch nie einen Fundamentalisten erlebt, der selbstkritisch oder selbstironisch war. Bei der Selbstkritik sind wir Juden Weltmeister, obwohl es natürlich auch bei uns Fundamentalisten gibt.

Wir alle dürfen Menschen sein und Fehler haben, aber diese religiös zu verbrämen und zu behaupten, dass wir unsere Untaten im Namen des Ewigen verüben, das ist eine unreligiöse, ja eine antireligiöse Einstellung. Es wäre sehr wichtig, dass die Religionsführer dagegen protestieren und diese Taten nicht relativieren.

In meiner Zeit als Oberrabbiner war ich an sehr vielen interreligiösen Aktivitäten beteiligt, zu Beginn waren das vor allem christlich-jüdische Gespräche. Umso mehr freute ich mich, als ich schon vor etwa zwanzig Jahren nach Graz eingeladen wurde, um an einem Symposium zwischen Christen, Moslems und Juden teilzunehmen. Auf dem Podium saß ein christlicher Professor namens Harnoncourt, ich als Vertreter der Juden und ein Moslem, an dessen Namen ich mich leider nicht erinnere, der aber bekannt war für seine offene und tolerante Art. Wir nahmen also auf der Bühne Platz und die Zuschauer kamen schön langsam hinein.

Da betraten plötzlich drei fundamentalistische Moslems in weißen Gewändern mit weißen Kappen den Saal. Das war wie gesagt vor zwanzig Jahren und ich hatte keine Angst, dass die drei einen Anschlag verüben wollen. Aber ich war mir sicher und bereitete mich innerlich darauf vor, dass mich diese drei jungen Herren bei der anschließenden Publikumsdiskussion attackieren werden. Es kam aber ganz anders. Zu meiner Überraschung warteten sie nicht bis zum Beginn der Publikumsdiskussion, sondern starteten ihre Attacken bereits während des Podiumsgesprächs. Allerdings nicht gegen mich, sondern gegen den muslimischen Gast auf der Bühne. Sie sagten immer wieder, dass das, was er sagte, so nicht im Koran und in anderen muslimischen Gesetzeswerken stehe. Er war ihnen ganz einfach zu liberal. Das ist ganz typisch: Die Fundamentalisten richten sich nicht immer, aber sehr oft zuerst gegen ihre eigenen Leute. An diesem Abend fand das nur verbal seinen Ausdruck. Aber der muslimische Podiumsgast hat mir später erzählt, dass er an diesem Abend von der Polizei nach Hause gebracht worden war. Zur Sicherheit.

Auch wir Juden kennen wie gesagt das Gebot, unseren Glaubensbrüdern und -schwestern das Judentum näherzubringen oder es zu stärken. Doch wie können wir ihnen den richtigen Weg weisen, ohne fundamentalistisch zu agieren? Die Antwort ist ganz einfach: mit Liebe. Dafür gibt es zum Beispiel eine simple Methode: Indem man einen Juden oder eine Jüdin, der oder die etwa den Schabbat (noch) nicht hält oder nicht kennt, mit seiner Familie oder alleine zum Schabbat einlädt. Dann erfährt dieser Mensch, wie schön dieses Fest sein kann. Ich denke, dass so die Mission nach innen funktionieren kann: Man geht auf den anderen zu, erklärt ihm langsam und liebevoll die Bräuche und lädt ihn ein.

Dazu passt wieder ein Zitat aus der Bibel. Es besagt, dass die Aktivität oder die Worte, die wir wählen, um den Glauben der anderen zu stärken, nicht von Hass und Überheblichkeit getragen sein dürfen, sondern von Liebe: „Hasse deinen Bruder nicht in deinem Herzen, weise ihn zurecht, weil du ihn liebst, und nicht, weil du ihn hasst."

Judenhass

Antisemitismus gibt es, seit es Juden gibt – der Judenhass ist so alt wie die Ursprünge unserer Religion. Im Laufe der Jahrtausende hat der Antisemitismus immer wieder sein Erscheinungsbild geändert, aber es gibt zahlreiche wiederkehrende „Spielformen" des Hasses auf Juden.

Am Ende des ersten Buches der Tora wird die bereits erwähnte Geschichte des jüdischen Urvaters Jakob und seiner Familie erzählt. Die Familie zog nach Ägypten, weil im Heiligen Land eine Hungersnot tobte und einer von Jakobs Söhnen, Josef, zum wichtigen und wohlhabenden „zweiten" Mann Ägyptens aufgestiegen war. Josef war ein hoch angesehener Finanz- und Sozialminister und rettete nicht nur seine Familie, sondern ganz Ägypten vor der Hungersnot.

Im 2. Buch Moses, genannte Exodus, heißt es: „Und Josef starb und all seine Brüder und diese ganze Generation. Und die Kinder Israel waren fruchtbar und wimmelten und mehrten sich und wurden sehr mächtig, und das Land wurde ihrer voll. Da erstand ein neuer König über Mizrajim (der biblische Name für das Land Ägypten), der von Josef nichts wusste." Ich interpretiere diese Stelle so: Es trifft nicht direkt zu, dass der König, den man auch Pharao nannte, nichts von Josef wusste, sondern er wollte nichts von ihm wissen. Denn eigentlich war der König Josef zu Dank verpflichtet, weil dieser das Land vor dem Hunger bewahrt hatte. Nur hatte der König ganz andere Pläne mit den Juden. Diese Pläne waren nicht vereinbar mit Dankbarkeit.

Immer wieder spielte und spielt es eine Rolle bei antisemitischen Verfolgungen, dass die Verfolger den Juden Dankbarkeit schulden, an die sie nicht gerne erinnert werden. Auch viel später in Europa haben sich Machthaber etwa Geld von Juden geliehen. Wenn sie ihnen dann zu viel schuldeten, haben sie die Juden vertrieben.

Weiter im 2. Buch Moses heißt es: „Der König sprach zu seinem Volke: Siehe, das Volk der Kinder Israel ist zahlreicher und stärker als wir." Ich glaube, dass Antisemitismus meist von den Machthabern oder Herrschern ausgeht – dass sie aber das Volk beteiligen wollen und müssen, um ihre Pläne umzusetzen. Die Machthaber müssen sich sicher sein, dass das Volk bereit ist, bei der Vertreibung oder sogar bei der Vernichtung von Juden mitzumachen.

Auch der ägyptische König holte sich die Unterstützung seines Volkes gegen die Juden. Das klang so: „Wohlan, lasset uns dasselbe (das Volk Israel) überlisten, dass es sich nicht vermehre, und es geschehe, wenn Krieg eintrifft, dass auch dasselbe sich schlage zu unsern Hassern und gegen uns streite." Hier beschuldigt der König die Juden zunächst der Illoyalität. Er unterstellt ihnen, dass die Hebräer sich im Falle eines Krieges den

Feinden Ägyptens anschließen würden. Dabei war von einem nahenden Konflikt damals gar keine Rede.

Der Antisemitismus entwickelt sich danach schrittweise: „Und sie setzten über die Israeliten Aufseher, um das Volk durch ihre Lastarbeiten zu bedrücken; und es baute Vorratsstädte für Pharao, Pitom und Raamses." Später nannte man dieses System Zwangsarbeit und Arbeitslager. In den nächsten beiden Versen wird klar, dass der König die Juden mit dem Arbeitseinsatz unterdrücken und sie verbittern wollte.

Auch in der Nazizeit gab es zunächst „nur" Arbeitslager, weil die Nazis glaubten, dass diese ausreichen würden, um die Zahl der Juden zu dezimieren.

Nun verschärft der Pharao seine Gangart. „Und der König von Mizrajim sprach zu den hebräischen Hebammen: ‚So ihr Geburtshilfe leistet den Hebräerinnen und acht habet auf den Geburtsstuhl, wenn es ein Sohn ist, tötet ihn, wenn aber eine Tochter, so lebe sie.'"

Hier schreckt der Pharao nicht mehr vor dem Mord an jüdischen Kindern zurück. Zunächst beauftragte er die Hebammen noch, am Beginn der Geburt das Geschlecht des Kindes festzustellen, bevor die Mutter ihr Baby in Armen hielt. So würden die Geburtshelferinnen behaupten können, das Kind sei tot geboren. Es macht bis heute betroffen, dass gerade jüdische Hebammen als Kollaborateurinnen des Kindermords ausgewählt wurden, um so die Moral des Volkes zu brechen.

Die Hebammen aber waren klug und widersetzten sich: „Doch die Hebammen fürchteten Gott, und taten nicht, wie der König von Mizrajim ihnen angesagt, und erhielten die Knaben am Leben. Da rief der König von Mizrajim die Hebammen und sprach zu ihnen: Warum tut ihr solches und erhaltet die Knaben am Leben? Die Hebammen sprachen zum Pharao: ‚Weil nicht wie die ägyptischen Frauen sind die Hebräerinnen, denn lebenskräftig sind sie! Bevor zu ihnen die Hebamme kommt, haben sie schon geboren.' Und Gott ließ es wohlgehen den Hebammen, und das Volk mehrte sich und ward noch mächtiger."

Jetzt kommen wir zum Höhepunkt der Grausamkeit, wo der Pharao die jüdischen Knaben in aller Öffentlichkeit ermorden ließ. „Da gebot der Pharao seinem ganzen Volke also: Jeglichen neugeborenen Sohn sollt ihr in den Fluss werfen, aber jegliche Tochter erhaltet ihr am Leben."

Der „alte" Judenhass und der spätere Antisemitismus – sie sind sich verblüffend ähnlich.

Zedaka – Die Wohltätigkeit

Die Wohltätigkeit, also das Spenden und Geben von Almosen, wird auf Hebräisch Zedaka genannt und gehört zentral zum Judentum. Einmal mehr gibt die Wurzel eines Wortes Einblick in sein Entstehen und ermöglicht uns, seine Bedeutung besser zu verstehen. Das Wort Zedaka wurzelt in den drei Konsonanten Z, D, K – und bedeutet im Hebräischen „Gerechtigkeit".

Im Judentum gibt es die Vorstellung, dass eine grundsätzliche Gerechtigkeit existiert, die für alle

Menschen gilt. Wenn wir zum Beispiel etwas von unserem Vermögen hergeben, handeln wir nicht nur barmherzig, sondern auch gerecht, weil wir eine ungerechte Verteilung in eine gerechte verwandeln. Natürlich könnten wir fragen, warum der Ewige überhaupt zugelassen hat, dass es arme und reiche Menschen auf der Welt gibt. Er hätte ja dafür sorgen können, dass alle Menschen gleich viel besitzen oder zumindest ihr Auskommen finden. Da kommt ein interessanter Gedanke ins Spiel: Dass uns der Ewige nämlich als Partner in seiner Schöpfung haben will. Er will, dass wir selbst für ausgleichende Gerechtigkeit sorgen und Bedürftige unterstützen. Daher ist es kein Zufall, dass er die Verhältnisse so eingerichtet hat, wie sie sind.

Zedaka bedeutet also, Gerechtigkeit herzustellen. Der entsprechende Bibelvers lautet: „Man soll jedem geben, was er braucht, was ihm zu seinem Glück fehlt". Er wird im Judentum sogar auf Menschen angewendet, die früher einmal wohlhabend waren und die ihr Geld verloren haben. Der Talmud liefert hier ein Gleichnis, das beim ersten Lesen fast übertrieben klingen könnte: Wenn jemand nämlich früher einmal reich war, beispielsweise ein Pferd besessen hat und einen Diener, der vor dem Pferd hergelaufen ist, dann „müsste" man ihm theoretisch wieder ein Pferd kaufen und ihm einen Diener anstellen. Das ist wie gesagt eine Überzeichnung; hier wird aber sehr anschaulich die missliche Situation eines Menschen dargestellt, der seinen Reichtum – und damit gewissermaßen sein Glück – verloren hat. Man braucht natürlich kein Pferd zum Leben; aber es fehlt, wenn man früher eines besessen hat.

Maimonides, der große jüdische Religionsphilosoph des Mittelalters, war ein großer „Einteiler". Er unterschied acht verschiedene Stufen der Wohltätigkeit voneinander. Dabei berücksichtigte er mehrere Faktoren; etwa, wie hoch eine Spende war, ob der Spender den Empfänger durch seine Spende beschämte und wie der Akt des Spendens gestaltet war.

Die niedrigste Stufe des Gebens ist es, laut Maimonides, wenn man jemanden weniger gibt, als er braucht – und dazu noch ein grimmiges Gesicht macht. Schon etwas besser ist es, wenn man dem Bedürftigen zwar weniger gibt, als er braucht, dies aber immerhin mit einem freundlichen Lächeln.

An einer Stelle im Talmud steht sogar, dass es vielleicht sogar wichtiger ist, einen Armen anzulächeln, als ihm etwas zu geben. Nachdem er diese Passage gelesen hatte, sagte einmal ein etwas aufmüpfiger Talmudschüler zum Rabbi: „Dann kann ich mir ja viel Geld sparen und die Armen, die zu mir kommen, einfach mit einem Lächeln bedenken." Darauf antwortete der Rabbi: „Nur wenn du kein Geld hast, darfst du den Armen mit einem beschämten Lächeln sagen, dass du ihnen nichts geben kannst, weil du nichts hast. Hast du aber etwas, dann solltest du nicht nur lächeln, sondern auch etwas geben."

Doch zurück zu Maimonides und seinen acht Stufen der Wohltätigkeit. Die nächsthöhere Stufe ist, dem Armen etwas zu geben, wenn er darum bittet. Noch besser allerdings wäre es, wenn man dem Armen schon etwas gibt, bevor er fragt.

Bei den folgenden Stufen des Gebens trachtet der Spender bereits danach, den Empfänger durch seine Gabe nicht zu beschämen. Denn nicht selten ist es so, dass sich ein armer Mensch für seine missliche Lage schämt vor demjenigen, der ihm etwas gibt. Für Maimonides ist es eine bereits recht hohe Form des Gebens, wenn zwar der Empfänger weiß, von wem er unterstützt wird, nicht aber umgekehrt. Wie das funktionieren soll? Ein Rabbiner beispielsweise kann in der Synagoge täglich etwas Geld für die Armen auf sein Pult legen und die Synagoge dann verlassen. So wissen zwar die Armen, von wem das Geld stammt, der Rabbiner aber nicht, wer es nimmt.

Wir kommen zur nächsten Stufe in Maimonides Einteilung der Wohltätigkeit: Wenn nämlich der Spender weiß, wem er gibt, nicht aber der Empfänger, von wem das Geld stammt. Diese hohe Form der Wohltätigkeit haben etwa jene edlen Menschen praktiziert, die spät in der Nacht zu den Häusern der Armen gingen, um dort Essen zu hinterlegen, ohne dass sie von den Bedürftigen gesehen wurden.

Jetzt sind wir schon recht weit oben auf der Stufenleiter der Wohltätigkeit. Noch besser als die eben beschriebene Praxis wäre es, wenn weder der Geber noch der Nehmer wissen, wer der jeweils andere ist. Dies lässt sich etwa erreichen, wenn in der Synagoge Geld für die Armen in eine Büchse geworfen wird. Das ist natürlich kein Freibrief dafür, einem Armen, der direkt um Geld bittet, nichts zu geben mit dem Hinweis: „Ich gebe es lieber jemandem, der nicht weiß, dass es von mir stammt." Wenn nämlich jemand direkt vor uns steht und etwas erbittet, dann ist er so bedürftig, dass es ihm nichts mehr ausmacht, wenn der andere seine Not sieht. Daher muss man diesem Menschen sofort etwas geben.

Wir kommen zur achten und damit zur höchsten Stufe der Wohltätigkeit nach Maimonides: Sie ist erreicht, wenn man einem Armen, der sich früher einmal selbst versorgen konnte, einen Betrag leiht, ihn an einem Geschäft beteiligt oder ihm eine Arbeit gibt, damit er wirtschaftlich gestärkt werde und keiner fremden Hilfe mehr bedarf. Dies wird in der Tora (3. Moses 25, 35) mit folgenden Worten beschrieben: „Du sollst ihn aufrecht halten!" Die Tora betont übrigens, dass das nicht nur für Juden gilt. So heißt es weiter: „Auch wenn er ein Fremder ist, damit er mit dir leben kann!"

Der gute Mensch

Wer ein guter Mensch sein will, muss ein hilfsbereiter Mensch sein. Er sollte Güte besitzen. Dazu gibt es eine schöne Geschichte: Es kam einst ein armer Mann zum Rabbi, berichtete ihm von seiner Not und bat ihn um Geld. Der Rabbi gab ihm 100 Euro. Als der Mann ging, lief der Rabbi ihm hinterher und gab ihm noch einmal 100 Euro. Der Arme wunderte sich und fragte: „Wenn du mir 200 Euro geben willst, warum gibst du mir zuerst 100, läufst mir dann nach und gibst mir noch einmal 100?" Die Antwort des Rabbi: „Zuerst wollte ich nur das Gebot erfüllen, indem ich dir 100 Euro gab. Dann hast du mir leid getan, denn ich hatte deine Leidensgeschichte gehört. Daher bekommst du 100 Euro als Draufgabe."

Dieses zusätzliche Geben – „mehr als das Gesetz verlangt" – ist eine etwas andere Form der Wohltätigkeit als „Zedaka", also das Herstellen von Gerechtigkeit. Sie wird im Hebräischen mit dem Wort „Chessed" bezeichnet, was so viel bedeutet wie „Gnade" oder „Liebe, die keine Gegenleistung erwartet". Gnade walten zu lassen und in Liebe zu handeln ist mehr, als für (soziale) Gerechtigkeit zu sorgen. Wohltätig sein im Sinne von Zedaka kann man nur mit Geld und Spenden. Almosen gelten ausschließlich bedürftigen und noch lebenden Menschen. Chessed hingegen kann man auch Toten entgegenbringen, indem man etwa deren Gräber besucht oder pflegt. Und Chessed funktioniert auch ohne Geld, wenn man beispielsweise einem alten Menschen über die Straße oder einem Gebrechlichen die Treppen hinauf hilft. Güte im Sinne von Chessed funktioniert sogar mit wohlhabenden Menschen, die eigentlich für ihr Auskommen sorgen können (oder konnten): Wenn diese beispielsweise kurzfristig in eine prekäre finanzielle Lage geraten sind, weil alle Rechnungen am selben Tag fällig wurden, können sie um ein Darlehen ansuchen. Man sollte ihnen dieses Darlehen im Sinne von Chessed gewähren – idealerweise zinsfrei.

Ich war vor einiger Zeit in den USA. Nicht weit vom Haus meiner Schwiegereltern gibt es eine ziemlich große Straße, die man nicht leicht überqueren kann. Eine alte Dame hat mich gebeten, ihr über die Straße zu helfen. Das hab ich natürlich gerne gemacht, nicht nur, weil ich mir Gutpunkte beim Ewigen holen wollte, sondern weil es mir ein Anliegen war. Das Lustige war, dass die Dame, kaum auf der anderen Straßenseite angekommen, ihre Autoschlüssel zückte und mit dem Auto davonfuhr.

Rund um das Spenden und Almosengeben existieren bis heute jede Menge Regeln, Gesetze und Bräuche, die uns Orientierung bieten. Und es gibt zahllose ältere und neuere Geschichten dazu. Die folgende handelt vom Volk Israel, das nach dem Auszug aus Ägypten für seine Wanderungen einen transportablen Gebetstempel bauen wollte und dafür zwei Arten von Spenden sammelte. So konnten die Menschen – je nachdem, wie viel sie sich leisten konnten und wozu sie ihr Herz bewog – Gold, Silber, Kupfer und Stoffe spenden. Den Reichen wurde empfohlen, mehr zu geben, und den Armen, dass sie weniger geben. Bei der zweiten Art der Spende sollte jeder, egal ob arm oder reich, einen halben

Schekel geben. Der Gedanke dahinter war, dass alle gleichermaßen in den Bau des Tempels einbezogen waren, damit es der Tempel aller wurde.

Bei vielen Rabbinern war es so, dass Menschen ihnen Geld brachten, damit sie es an Arme verteilen konnten. Es gab aber chassidische Rabbis, die nur Geld von Menschen nehmen wollten, die es gerne gaben. Was tun nun diese Menschen, die genug besitzen, um mit anderen zu teilen und die ihren Besitz gerne teilen möchten? Schon in der Bibel findet sich eine Art „Anleitung", wem man in welcher Reihenfolge etwas geben soll. Genannt werden zuerst die Familienmitglieder, dann folgen arme Menschen aus der eigenen Stadt, danach andere Arme, die weiter weg sind.

Die dazu passende Geschichte handelt von einem sehr reichen Mann, der immer wieder gefragt wurde, ob er für die Armen der Stadt spenden könne. Jedes Mal antwortete er aufs Neue: „Ich kann den Armen nichts geben, denn ich habe selbst einen armen Bruder." Eines Tages kam dieser Bruder in die Stadt. Diejenigen, die das Geld für die Armen gesammelt hatten, sagten zu ihm: „Du bist ein glücklicher Mensch, dein Bruder unterstützt dich so großzügig." Da antwortete der Bruder enttäuscht und auch ein wenig bitter: „Ich habe von meinem Bruder noch nie einen Groschen bekommen." Die Menschen waren verärgert und konfrontierten den reichen Mann mit der Aussage seines Bruders. Da antwortete der

Reiche: „Ihr habt mir nicht genau zugehört. Ich habe gesagt, ich habe einen armen Bruder und deshalb gebe ich euch nichts. Ich habe aber nicht gesagt, dass ich ihm etwas gebe. Ihr wisst, dass der eigene Bruder vor den anderen Armen kommt. Und wenn ich meinem Bruder nichts gebe, kann ich den anderen Armen erst recht nichts geben."

Ganz anders tickte jener Rabbiner, der fast nichts Wertvolles mehr im Hause hatte außer seinem Silberleuchter für Hanukkah. Eines Tages kam er gerade nach Hause, als ein Dieb diesen Leuchter stahl. Der Dieb lief davon, der Rabbiner ihm nach und holte ihn ein. Da sagte der Dieb beschämt: „Lieber Rabbi, da hast du deinen Leuchter zurück." Doch der Rabbi antwortete: „Ich bin dir nachgelaufen, um dir zu sagen, dass du den Leuchter nicht zu billig verhehlen sollst. Er ist aus reinem Silber und war sehr teuer."

Auch die Empfänger von Spenden und Almosen versuchen es manchmal mit einer List. Dazu passt die Episode der beiden Brüder, die jedes Jahr vom Geldverwalter des Baron Rothschild einhundert Rubel bekamen. Eines Tages starb einer der Brüder. Als der Baron dem verbleibenden Bruder die einhundert Rubel gab, protestierte der: „Aber Herr Baron, sie haben doch früher meinem Bruder und mir jeweils einhundert Rubel geben. Jetzt geben sie mir nur mehr einhundert." Der Baron antwortete: „Mein Lieber, es tut mir leid, aber dein Bruder ist gestorben." Da fragte der andere: „Sind Sie der Erbe meines Bruders oder ich?"

Sehr kreativ agierte auch der Jude in folgender Geschichte: Er bat seinen Nachbarn, ihm einen silbernen Suppenlöffel zu borgen. Am nächsten Tag brachte er den Suppenlöffel zurück und dazu einen kleinen Dessertlöffel. Der Nachbar sagte: „Ich hab dir doch nur den Suppenlöffel gegeben, warum bringst du mir einen kleinen dazu?" Der Mann gab zur Antwort: „Der Löffel hat in der Nacht ein Kind bekommen, der gehört jetzt auch dir."

Als der Mann sich beim nächsten Mal vom Nachbarn einen schönen Silberleuchter leihen wollte, gab ihm der Nachbar diesen gerne, in der Hoffnung, dass sich auch der Leuchter vermehre. Doch am nächsten Tag kam der Mann mit leeren Händen und sagte: „Leider kann ich dir deinen Silberleuchter nicht zurückgeben. Er ist in der Nacht gestorben."

Schön finde ich auch die Geschichte, die davon handelt, wie man Menschen, die in Not geraten sind und unsere Hilfe brauchen, auf gleicher Augenhöhe begegnen kann. So kam zu einem großen und gelehrten chassidischen Rabbiner einmal ein Jude, der um ein Darlehen bat. Der Rabbi gab ihm das Darlehen und vertiefte sich sofort wieder in seine Bücher. Nach einiger Zeit hatte der Jude das geliehene Geld zusammengespart, ging zum Rabbiner und traf diesen wieder tief über seine Bücher gebeugt an. Also steckte er das Geld in ein Buch und wies den Rabbiner kurz darauf hin. Der aber war so ins Studium versunken, dass er den Hinweis nicht hörte. Nach einiger Zeit fragte der Rabbiner den Juden: „Hab ich dir nicht etwas geborgt?" Der Jude antwortete wahrheitsgemäß: „Ich habe es längst zurückgezahlt." Der Rabbiner konnte sich daran natürlich nicht erinnern; also überlegte er, was zu tun sei und sprach mit anderen Leuten darüber, wie er sein Geld zurückbekommen könnte. Das förderte nicht gerade den guten Ruf des Juden. Nach einiger Zeit entdeckte der Rabbi das zurückgegebene Geld in einem Buch. Nun war er in einer peinlichen Situation. Denn es gehört im Judentum zu den ganz besonders verbotenen Dingen, über andere Menschen schlecht zu reden und so ihren Ruf zu ruinieren. Denn Geld kann man zurückgeben, aber es ist schwierig, einen Namen wiederherzustellen. Doch der kluge Rabbiner fand eine Lösung: Er hatte einen Sohn, und der andere Jude hatte eine Tochter. Die beiden mochten sich. Mit dem Einverständnis der jungen Leute bot der Rabbiner dem Juden an, dass sein Sohn und dessen Tochter heiraten sollten. So konnte der Rabbiner der ganzen Stadt zeigen, dass er den Juden nicht als Dieb ansah, sondern dass er ihm vielmehr die Ehre erwies, seinen Sohn mit dessen Tochter zu verheiraten. Damit war der gute Ruf des Juden wiederhergestellt.

Laschon Hara – Die schlechte Nachrede
Im Judentum ist es verboten, schlecht über andere Menschen zu sprechen und so ihren Ruf zu gefährden

oder gar zu ruinieren. Schon die Bibel verbietet uns, böse Gerüchte über andere Menschen in die Welt zu setzen oder zu verbreiten. Das gehört wahrscheinlich zu den anspruchsvollsten Geboten überhaupt, denn wir alle sind Menschen, hören lieber Bad News als Good News über andere und Kaffeehäuser wurden bekanntlich auch nicht nur erfunden, damit man dort Kaffee trinkt.

Nun gibt es zwei Stellen in der Bibel, die das mit der schlechten Nachrede ein wenig konkretisieren. Die eine verbietet uns, böse Dinge, die nicht stimmen, über einen anderen Menschen zu verbreiten. Aber unsere Weisen haben hinzugefügt, dass man auch keine Gerüchte, die stimmen, über andere Menschen verbreiten darf.

Ob wahr oder falsch – wir sollten niemals Dinge, die einem anderen Menschen schaden (könnten) und seinen Charakter in einem schlechten Licht erscheinen lassen, in die Öffentlichkeit tragen. Doch auch zu diesem Gebot gibt es eine Ausnahme: Wenn nämlich die Weitergabe bestimmter Informationen eine guten Zweck erfüllt oder im Sinne einer guten Sache ist. Ein extremes Beispiel: Man erfährt, dass zwei junge Menschen sich verloben wollen, und weiß, dass einer der beiden eine ernste Erbkrankheit hat, diese aber verschweigt. Man weiß auch, dass diese Krankheit möglicherweise schlimme Folgen für den Partner oder für mögliche gemeinsame Kinder der beiden haben kann.

In diesem Fall ist es erlaubt, etwas zu verraten. Vorausgesetzt, man ist sich bezüglich der Krankheit ganz sicher und informiert ausschließlich die Familie des zukünftigen Partners des oder der Erkrankten.

Ein berühmter polnischer Rabbiner aus Radin beschäftigte sich über viele Jahre intensiv mit dem Thema der schlechten Nachrede. Er trug dazu weise Worte aus verschiedenen Quellen zusammen, arbeitete Details über die Vorschriften in der Bibel aus und schrieb ein Buch darüber. Er war ein sehr kluger und guter Mann, der nicht auf dem hohen Rabbinerstuhl saß und sich bedienen ließ, sondern seine Bücher selbst verkaufte. Er kleidete sich auch nicht wie ein Rabbiner, sondern wie ein einfacher Jude, trug keinen großen schwarzen Hut, sondern eine schlichte Mütze. Als er einmal in einer Kutsche nach Hause reiste, saß er neben mehreren Mitreisenden. Er kam mit einem Juden ins Gespräch und fragte ihn, warum er gerade nach Radin reise. Der Jude erzählte ihm, dass er dort diesen großen und gerechten Rabbiner sehen wolle, dessen Buch über die schlechte Nachrede ihn so begeistert hatte. Als der Rabbiner hörte, wie er selbst gelobt wurde, sagte er dem Juden über sich selbst: „Nun, so ein großer und heiliger Mann ist dieser Rabbiner nun auch wieder nicht. Er ist ein einfacher Rabbi, wie es hunderte gibt." Da wurde der Jude so böse, dass er dem Rabbiner eine Ohrfeige gab.

Als der Jude am nächsten Tag in Radin die lang ersehnte Audienz beim so bewunderten Rabbiner bekam, erkannte er mit Schrecken, wer der Mann war, den er am Tag zuvor geschlagen hatte. Er entschuldigte sich wortreich und wollte die Sache erklären, doch der Rabbiner unterbrach ihn mit einem Lächeln und sagte: „Ich habe von dir sogar etwas Neues über die schlechte Nachrede gelernt: Dass man nämlich auch über sich selbst nicht böse sprechen darf."

Eine bestimmte Form der Nachrede ist der Nachruf auf einen verstorbenen Menschen. Wenn Juden sterben, halten meist Rabbiner diesen Nachruf, aber manchmal sagen auch Familienmitglieder oder Freunde ein paar persönliche Worte über den Verstorbenen. Das jüdische Gesetz sieht vor, dass man einen Toten im Nachruf nicht übertrieben loben soll. Man sollte ihm zum Beispiel keine Eigenschaften zuschreiben, die er gar nicht hatte. Die spirituelle Erklärung dafür ist, dass der Mensch nach dem Tod vor einen „Gerichtshof" tritt und für seine Taten im Leben belohnt oder vielleicht bestraft wird. Es nützt dem Verstorbenen vor dem Gerichtshof aber nichts, wenn jemand einen überschwänglichen Nachruf auf ihn gehalten und positive Dinge über ihn gesagt hat, die nicht zutreffen. Im Gegenteil – es schadet ihm sogar eher.

Aber natürlich sollte man in einem Nachruf ein paar gute Worte über den verstorbenen Menschen verlieren.

Man kann ihn auch ein wenig besser darstellen, als er zu Lebzeiten war. Das ist auf den ersten Blick ein Widerspruch zum oben Gesagten. Zum Glück lösen kluge Rabbiner auch diesen Widerspruch für uns auf: So erklärte ein weiser Rabbi einmal, dass der Mensch dazu neige, sich selbst sehr stark in den Mittelpunkt zu stellen und die anderen eher kritisch zu betrachten. Um dieser Tendenz entgegenzuwirken, erlaube uns die Tora, andere Menschen ein wenig positiver darzustellen, als wir sie eigentlich beurteilen: „Denn wenn man das tut, wird man nämlich am Ende das über ihn sagen, was stimmt."

Einmal verstarb eine Dame, über die eigentlich niemand etwas Gutes erzählen wollte oder konnte. Am Ende der Beerdigung fragte der Rabbiner schon etwas verzweifelt, ob nicht vielleicht doch jemand etwas Positives über die Frau erzählen wollte. Da meldete sich einer der Trauergäste und sagte: „Sie hat ausgezeichnet Spaghetti gekocht!"

Ich selbst hatte einmal ein bemerkenswertes Erlebnis bei einem Begräbnis. Als wir Trauergäste von der Halle, in der man die Nachrufe hält, langsam zum Grab gingen, stupste mich die Frau des Verstorbenen an und sagte mit Blick auf ein Grab: „Schauen Sie, da liegt mein Mann." Ich hab mich a bisserle gewundert, denn wir waren doch gerade erst auf dem Weg zur Beerdigung ihres Mannes. Nach 300 Metern deutete die Frau wieder auf ein Grab und sagte zu mir: „Da liegt mein Mann." Da war ich dann doch neugierig und fragte: „Aber gnädige Frau, wir begraben gerade ihren Mann." Darauf sie: „Wissen Sie denn nicht, dass ich drei Mal verheiratet war?"

Es klingt vielleicht unpassend, wenn man lustige Anekdoten über den Friedhof erzählt, aber sie ereignen sich eben. So bat einmal ein Hinterbliebener meinen seligen Vater, der als damaliger Oberrabbiner von Wien gerade den Nachruf hielt, er möge lauter sprechen. Mit dem Hinweis, dass der Verstorbene schwerhörig war.

Der Rabbiner

Das Besondere an den jüdischen Gesetzen ist, dass sie nicht immer klar und eindeutig festgelegt sind. Im Talmud zum Beispiel wird eher beschrieben, wie sich die Gesetze entwickelt haben. Wenn ein einfacher Rabbiner mit einem Problem nicht zurechtkommt, dann muss der Oberrabbiner eine zusätzliche Portion Weisheit zur Problemlösung beisteuern. Sehr oft tut der Oberrabbiner das, um eine Entscheidung milder ausfallen zu lassen.

Dazu gibt es eine Geschichte, die vielleicht ein bisschen ekelig klingt, es aber eigentlich nicht ist. Es geht darin um koschere Hühner. Wenn man heute koscheres Fleisch kaufen will, geht man einfach in ein koscheres Geschäft. Das Fleisch dort wurde von einem Rabbiner überprüft, er war auch beim Schlachten dabei. Es ist mit einem Zeichen versehen, damit man gleich weiß, dass es koscher ist. Und an der Türe des Geschäfts hängt ein großes Schild, das darüber Auskunft gibt, welcher Rabbiner dafür garantiert.

Früher einmal war die Sache mit dem Fleisch nicht so industrialisiert. Da war es häufig so, dass eine Familie zum Beispiel ein Huhn gekauft hat und mit dem lebenden Tier zum Schlachter im Schtetl gegangen ist. Durch die Schlachtung mit einem scharfen Messer ist das Tier aber nicht automatisch koscher. Man muss zusätzlich sichergehen, dass es zum Beispiel keinen schweren Organfehler hat. Der Schlachter kontrolliert also, ob die Lunge des Huhnes Löcher hat und dass die Leber normal aussieht. Das sind nur zwei der vielen Vorgaben. Zu diesen Regeln gehört auch, dass ein Tier nur dann koscher ist, wenn es eine Galle hat.

In unserer Geschichte nun geht es um eine arme Frau mit vielen Kindern. Die Frau kaufte ein Huhn und brachte es zum Schlachter. Der vermutete, dass dem Huhn möglicherweise die Galle fehlen könnte und er sagte der Frau, dass das Hendl vielleicht nicht koscher sei. Sie war ganz bestürzt und verzweifelt. Damals gab es ja keine Umtauschrechte wie heute – und die Frau hatte das Huhn mit ihren letzten Ersparnissen gekauft. Sie hatte geplant, damit ihren kranken Kindern eine stärkende Hühnersuppe zu kochen, das berühmte jüdische Penicillin.

In ihrer Not ging die Frau also zum Oberrabbiner und berichtete ihm vom Problem mit der Galle. Auch der Oberrabbiner konnte die Galle auf den ersten Blick nicht sehen. Er wusste aber, was die Gesetze vorschreiben, wenn man nachprüfen möchte, ob ein Tier eine Galle hat. Dann muss man nämlich – und das ist die grausliche Passage – mit der Zunge kurz an jene Stelle des Huhns lecken, wo normalerweise die Galle ist. Schmeckt die Stelle bitter, ist das ein Hinweis darauf, dass das Huhn eine Galle hat.

Also sagte der Oberrabbiner zu der armen Frau: „An diese Stelle des Huhns musst du lecken und mir dann sagen, ob es bitter ist." Die Frau tat wie geheißen und sagte: „Herr Oberrabbiner, Sie wissen doch, wie bitter mein Leben ist. Ich habe mehrere kleine Töchter und Söhne, mein Mann ist gestorben, ich habe fast nichts zu essen und meine kranken Kinder brauchen eine Suppe und ein bisschen Fleisch. Es wäre sogar sehr bitter, wenn Sie mir jetzt erklären, dass dieses Huhn nicht koscher ist!" Der Oberrabbiner antwortete: „Es ist also bitter. Dann hat das Huhn sicher eine Galle und ist koscher."

Es gibt noch eine Erzählung, die ganz gut illustriert, wie Oberrabbiner ticken. Am Ende der fünf Bücher Moses stirbt Moses. Sein Nachfolger hatte die Aufgabe, sein Volk der Israeliten ins gelobte Land, das damals Kanaan hieß, zu führen. Die Bewohner dieses Landes waren aber nicht allzu glücklich über der Idee, dass sie die Israeliten hereinlassen sollten. Daher schickte Moses vorab Kundschafter. Sie sollten herausfinden, wie das Land beschaffen und wie es um die Verteidigungsbereitschaft der Bevölkerung bestellt war, ob die Menschen in Kanaan stark waren oder schwach. So sollten die Kundschafter auch nachsehen, ob die Städte mit Mauern umgeben waren oder nicht.

Wenn wir die heutige Logik anwenden, würden wir wohl sagen: In Städten, die mit Mauern befestigt sind, leben starke Menschen. Und wir würden vielleicht denken, dass die Bevölkerung in Städten ohne Mauern schwach ist. Die Rabbiner im Talmud erkannten, dass das Gegenteil zutrifft: Dass nämlich die Menschen in Städten, die nicht von Mauern umgeben sind, stark sind. Und dass die Bevölkerung, die sich hinter Mauern zurückzieht, im Grunde schwach ist. Die Rabbiner begründeten das so: Nur wer stark ist, hat keine Angst, wenn seine Stadt offen für andere ist. Und nur wer schwach ist, braucht Mauern, um sich sicher zu fühlen.

Dieses Bild können wir, so meine ich, auch auf Menschen anwenden: Wer charakterlich stark ist, muss keine Mauern oder Schutzschilde um sich herum errichten, er kann offen für andere sein. Er braucht keine Distanz zu anderen aufzubauen und keine Grenzen zu ziehen. Die Stärke dieser Menschen liegt nämlich darin, dass sie trotz ihrer Offenheit nicht verletzt werden können – oder dass sie Verletzungen leichter überwinden. Umgekehrt bauen schwache und unsichere Menschen oft imaginäre oder reale Mauern um sich herum auf, weil sie sich dahinter verkriechen und schützen wollen.

Auch Oberrabbiner müssen in diesem Sinne starke Menschen sein. Sie brauchen um sich herum keine Barrieren des übertriebenen Respekts aufbauen. Sie müssen auf die Menschen zugehen. Natürlich ist es kein Fehler, wenn das auch normale Rabbiner und normale Menschen tun.

Es gibt eine schöne Geschichte über den chassidischen Rabbiner Susja, die hier gut passt. Niemand weiß genau, wie man seinen Namen schreibt. Rabbi Susja jedenfalls sagte eines Tages zu seinen Anhängern: „Wenn ich einmal sterbe und in den Himmel komme, wird man mich nicht fragen, warum ich nicht wie Moshe und nicht wie Abraham war. Sondern man wird mich fragen: „Warum warst du nicht Susja und hast dein Potential nicht genutzt?"

Ich halte diese Geschichte für lehrreich – nicht nur für uns Rabbiner. Wir müssen niemandem nacheifern und wir müssen nicht versuchen, zu sein wie unsere Vorbilder. Wir müssen unser eigenes Potential nützen.

Rabbinische Weisheit
Eines Tages sagte der König zum Rabbiner seiner Stadt: „Ihr Juden seid doch so klug, und ihr Rabbiner noch mehr. Du weißt, dass es in unserer Stadtmauer ein kleines und ein großes Tor gibt. Ich gehe heute jagen, und wenn du errätst, durch welches der beiden Tore ich wieder in die Stadt zurückkomme, dann verschone ich euch Juden." Wieder einmal war es also an einem Rabbiner, über das Schicksal seiner jüdischen Mitmenschen zu entscheiden.

Der Rabbiner sagte: „Ich kann dir natürlich nicht sagen, durch welches Tor du kommen wirst, denn dann würdest du absichtlich das andere wählen." Also einigten sie sich darauf, dass der Rabbiner die Antwort auf einen

Zettel schrieb, der erst gelesen werden sollte, wenn der Herrscher wieder in der Stadt war. Den ganzen Tag lang überlegte der König, was er tun könnte, um den Rabbi zu düpieren – in jedem Falle bestand eine 50-prozentige Chance, dass der richtig lag. Schließlich entschied sich der Herrscher für eine Variante, auf die der Rabbiner, so dachte er, keinesfalls kommen würde: Er ließ ein neues Tor in die Stadtmauer brechen.

Der Rabbiner studierte an diesem Tag, wie an jeden Tag, den Talmud. Da stieß er – zufällig oder nicht – auf eine Stelle, in der es heißt, dass ein König so viel Autorität und Macht besitzt, dass er jede Mauer und jedes Hindernis beiseite räumen und dass ihn nichts begrenzen kann. Da wusste der Rabbiner, was die Lösung war und schrieb die Variante mit dem neuen Tor auf den Zettel. Es war nicht nur Intuition, sondern auch Bibelwissen, das den Rabbi zur richtigen Lösung führte.

Natürlich gibt es, wie könnte es anders sein, auch über Rabbiner und ihre Rolle zahlreiche Witze und humorvolle Anekdoten. Auch Rabbis sind schließlich Menschen. Ein Witz etwa handelt von einem Rat suchenden Juden, der zum Rabbi kam und sagte: „Meine Hühner haben eine Seuche und sterben, was soll ich tun?" Der Rabbi riet ihm, seine Hühner mit Gerste zu füttern. Eine Woche später kam der Mann wieder und berichtete, dass seine Hühner noch immer starben. Da sagte der Rabbi: „Gib ihnen Roggen." Nach einigen Tagen kam der Jude wieder und berichtete verzweifelt, dass sich die Situation nicht gebessert habe. Der Rabbi riet ihm, den Hühnern ab sofort Weizen zu geben. Da fragte der Jude: „Rabbi, stört es Dich denn nicht, dass ich Dich mit meinen Fragen belästige?" Darauf der Rabbi: „Ich habe noch viele gute Ratschläge, aber hast du noch Hühner?"

Die Entwicklung des Rabbiners vom Talmud bis heute
Der erste „Oberrabbiner" war Mosche. Er hat die zehn Gebote am Berge Sinai vom Ewigen empfangen und sie den Juden überbracht. Später gab er ihnen auch die fünf Bücher Moses, also den Rest der Tora. Mosche war aber nicht nur der religiöse, sondern auch der politische Führer des jüdischen Volkes.

Heutzutage trennt man religiöse von politischer Führerschaft und nennt es dann Gewaltentrennung. Zu Mosches Zeiten war es kein Widerspruch, dass derselbe Mann, der als Richter und Volkstribun sein Volk anführte, gleichzeitig dessen religiöse Autorität war. Nach Mosches Tod ging diese Autorität auf Jehoschua über. Danach folgten die sogenannten Richter, auch sie waren zugleich religiöse und politische Führer. Während die Richter meist nur einen einzelnen Stamm anführten, übernahmen danach die Könige die Autorität über das gesamte Volk. Zu diesem Zeitpunkt hatte sich die politische Macht völlig von der geistigen getrennt.

Es war fortan an den Propheten, auf die Moral der Menschen zu schauen. Im allgemeinen Sprachgebrauch ist ein Prophet heute jemand, der die Zukunft voraussagen kann. Bei unseren Propheten ging es darum, dass sie das Verhalten des Volkes im Auge behielten und das Volk, wenn nötig, zur Räson riefen, indem sie ihm Moralpredigten hielten. Ein bisschen konnten also auch diese Propheten in die Zukunft blicken – indem sie den Menschen vorhersagten: Wenn ihr Götzen anbetet, dann wird Gott euch bestrafen.

Die Feinde der Juden weideten sich natürlich daran, wenn die Propheten die Juden ein „untreues Volk" nannten, weil diese zum Beispiel Götzenstatuen anbeteten. Doch die Propheten waren eben streng und gerecht – und häufig trugen ihre Predigten vor den Juden Früchte, indem die auf den „richtigen Weg" zurückfanden. Doch diese Läuterung lassen die Gegner der Juden in ihren Erzählungen ganz gerne aus.

Etwa vierhundert Jahre vor Beginn der allgemeinen Zeitrechnung haben die Lehrer des Talmuds die Bibel kanonisiert. Sie haben also entschieden, welche Bücher in die Bibel kommen sollen. Unmittelbar danach entstand der Talmud, die mündliche Lehre, als Deutung der Bibel. Die orthodoxe Ansicht ist sogar, dass Moses die Grundlagen des Talmuds gemeinsam mit der Tora am Berge Sinai empfangen hat. Der Talmud liefert selbst keine neuen Gesetze, er bietet aber unzählige Details zu den biblischen Geboten. Aus orthodoxer Sicht war es daher unwahrscheinlich, dass wichtige Ergänzungen zu den Geboten erst 1000 Jahre später vorgenommen wurden – also geht man davon aus, dass Moses den Talmud gleich mit der Tora empfangen hat.

Man nannte und nennt den Talmud deshalb mündliche Lehre, weil er zu jener Zeit noch nicht verschriftlicht war. Die talmudischen Traditionen wurden viele Generationen lang ausschließlich mündlich weitergegeben. Erst als sie zu umfangreich wurden und die Juden in die Diaspora gingen, war es notwendig, auch den Talmud zu verschriftlichen.

Die Periode des Talmuds wird von etwa zweihundert vor bis fünfhundert Jahre nach der allgemeinen Zeitrechnung angesetzt. Bis heute gelten Rabbiner als die entscheidenden Autoritäten, die die Gebote des Talmuds zwar nicht erschaffen, aber detailreich ausformuliert haben. Zum Beispiel rund um den Schabbat: In der Tora steht, dass man am Schabbat nicht arbeiten darf. Aber dort bleibt unklar, was die Definition von Arbeit ist. Die Rabbiner des Talmuds haben den Begriff der Arbeit erstmals im Detail beschrieben. Sie haben unterschiedliche Arbeiten, die am Schabbat verboten sind, in Kategorien eingeteilt. Diese Kategorien gelten bis heute.

Und bis heute diskutieren Juden darüber, inwiefern die religiösen Gebote im Kontext ihrer Zeit zu sehen und wie sie heute genau zu verstehen sind. So sagen manche, dass Autofahren am Schabbat gar nicht verboten sein kann, weil es zur Zeit der Entstehung der Gebote ja noch keine Autos gab. Die Traditionalisten sagen wiederum, dass das Betätigen von Verbrennungsmotoren am Schabbat nichts anderes ist als Feuermachen. Und Feuermachen ist verboten.

Ein zweites – umstrittenes – Beispiel betrifft das elektrische Licht: Im 20. Jahrhundert wurde unter Juden diskutiert, ob das Einschalten elektrischen Lichts dasselbe ist wie Feuermachen. Die orthodoxen Traditionalisten haben entschieden, dass das Leuchten des Metallfadens in der Glühbirne dem Brennen des Feuers sehr ähnlich ist. Deshalb halten wir gesetzestreuen Juden uns bis heute daran, am Schabbat keine Glühbirne zum Leuchten zu bringen. Nicht einmal der Oberrabbiner von Österreich kann heute sagen, dass er das Aufdrehen der Glühbirne am Schabbat erlaubt; auch er muss sich früheren rabbinischen Entscheidungen beugen. Allerdings ist es nicht verboten, dass am Schabbat eine Glühbirne brennt – man darf sie nur nicht direkt am Schabbat einschalten und auch nicht ausschalten. Wenn man aber vor dem Schabbat ein elektrisches Licht entzündet, dann darf es auch am Schabbat brennen. An diese Praxis halten sich Juden bis heute.

Zur Frage, wie jüdische Gebote und Traditionen weitergegeben werden und wie sie in ihrer Zeit zu verstehen sind, gibt es eine schöne Geschichte vom berühmten Rabbiner Baal Schem Tov, dem Gründer des Chassidismus. Als er einmal ganz besonders mystische Gedanken hatte, ging er tief in den Wald, machte dort ein Feuer, sang ein mystisches Lied und vereinigte sich auf diese Weise mit dem Ewigen. Die nächste Generation chassidischer Rabbiner wusste zwar nicht mehr genau, wo diese mystische Stelle im Wald sein soll, aber sie zündeten immerhin ein Feuer an und sangen das Lied. In der nächsten Generation zündeten die Chassidim nur mehr das Feuer an, denn das Lied konnte niemand mehr. Heute kennt kein Rabbi mehr irgendetwas von diesen Dingen – aber wir können die Geschichte davon erzählen. Mit hoffentlich vergleichbarer Wirkung.

Es gibt aber auch die andere Seite der Geschichte. So war im Schtetl bekanntlich nicht alles so elegant und so sauber wie auf der Wiener Kärntner Straße. Ein weiser Mensch hat dazu einmal gesagt: „Im schmutzigen Gässlein hat sich das Judentum am reinsten gehalten." Denn die Juden, die aus den Schtetln wegzogen, haben sich vielleicht in die städtische Gesellschaft integriert; aber das Judentum hat sich auf diese Weise bei vielen nicht unbedingt über Generationen gehalten.

Ab dem 17. Jahrhundert hat sich die rabbinische Gemeinschaft in zwei Gruppen geteilt. Die einen waren und sind die chassidischen Rabbiner, denen es mehr um das „jüdische Gefühl" ging und geht. Die anderen waren und sind jene, die sich ausschließlich auf das Lernen der Tora konzentrieren. Natürlich lernen auch chassidische Rabbiner Tora, aber das Gebot der Menschlichkeit war und ist ihnen zumindest so wichtig wie das Einhalten der Gebote zwischen Mensch und Gott. Wenn ich in diesem Buch also von Rabbinern erzählt habe und noch erzählen werde, die sehr sanft, menschlich und besonnen mit den Entscheidungen des Gesetzes umgehen, dann waren das sehr oft chassidische Rabbis.

Natürlich kann es passieren, dass ein chassidischer Rabbiner eine Entscheidung trifft, die ein anderer Rabbiner vielleicht ganz anders treffen würde. Mitunter kann auf diese Weise sogar eine gewisse Gegnerschaft entstehen – zwischen einem Rabbi, der das Gesetz unbedingt durchsetzen will und einem, der das Gesetz zwar nicht missachtet, aber ein wenig mehr auf die Menschen eingehen möchte.

Auch dazu möchte ich eine Geschichte erzählen: Weil das Sukkotfest eigentlich ein Erntefest ist, ist es üblich, beim Sprechen der Gebete verschiedene Pflanzen in Händen zu halten. Zentral dabei ist ein Feststrauß, dessen Herzstück eine große gelbe Frucht bildet, Etrog genannt. Dieser Etrog schaut aus wie eine Zitrone, ist aber keine. Juden achten sogar darauf, dass der Etrog für den Feststrauß möglichst wenig einer Zitrone gleicht. Er soll aber prächtig sein, keine Flecken und Dellen haben. Schöne Etrogim kosten mehr als weniger schöne. Wenn man einen besonders prachtvollen Etrog gefunden und gekauft hat, ist man sehr zufrieden; wenn man unsicher ist oder noch zufriedener werden möchte, geht man zum Rabbiner und zeigt ihm den Etrog. Der Rabbi urteilt dann, ob es sich wirklich um ein schönes Exemplar handelt oder doch eher um ein durchschnittliches.

Einmal kaufte ein armer Rabbinatsstudent, der kaum 600 Schekel im Monat verdiente und davon eine große Familie zu versorgen hatte, einen wunderschönen Etrog. Voller Stolz ging er zum Rabbiner, um ihm die Frucht zu zeigen. Der Rabbiner schaute den Etrog an und fragte: „Was hat er gekostet?" Der Schüler nannte den Preis von 150 Schekel. Da sagte der Rabbiner: „Das ist kein Etrog für dich." Der Schüler war traurig und enttäuscht: „Aber Rabbi, ich habe so viel Zeit damit verbracht, mir verschiedene Etrogim anzuschauen, und dieser war der prächtigste, den ich finden konnte. Jetzt sagen Sie mir, dass er nicht schön ist?" Der Rabbiner entgegnete: „Das habe ich nicht gesagt, der Etrog ist sogar wunderschön. Aber er ist nicht der richtige für dich. Denn wenn du 600 Schekel im Monat verdienst, darfst du nicht ein Viertel deines Einkommens für eine Frucht ausgeben. Auch wenn es ein Gebot ist."

Der „bescheidene" Rabbiner
Ein Rabbiner, der für sein großes talmudisches Wissen weltberühmt war, war gleichzeitig ein äußerst bescheidener Mann. Einmal wurde er als Experte zu einer

Gerichtsverhandlung eingeladen. Vor seiner Aussage wurde er vereidigt. Nach der Verhandlung sagte der Richter zu ihm: „Ich habe gehört, dass Sie eine der größten rabbinischen Autoritäten sind." – „Das stimmt", antwortete der Rabbiner etwas zögerlich. Da sagte der Richter: „Ich habe aber auch gehört, dass Sie ein ganz bescheidener Mann sein sollen. Wieso behaupten Sie also, dass Sie ein großer Gelehrter sind?" Darauf der Rabbi: „Aber Herr Richter, ich stehe unter Eid!"

Die jüdische Haltung zur Bescheidenheit sieht nicht vor, dass man sich selbst unterschätzt. Sie sieht vor, dass man sich selbst nicht überschätzt.

Die Sünde
Ein Jude kommt zum Rabbi. Er berichtet ihm, dass einer seiner Freunde eine schwere Sünde begangen hat und will wissen, was dieser tun soll, um sie wieder los zu werden. Da fragt der Rabbi: „Warum kommt dein Freund nicht selbst her und bittet mich um Rat?" Darauf der Jude: „Er wollte nicht kommen, weil er sich wegen seiner Sünde vor dem Rabbi schämt. So hat er mich geschickt." Darauf der Rabbi: „Das verstehe ich. Aber er hätte herkommen und sagen können, ein Freund habe ihn geschickt."
Ein Rabbi kann manchmal tief ins Herz der Menschen schauen.

Der Rabbi und sein Kutscher

Immer wieder fuhren Rabbis übers Land, um ihre Anhänger in anderen Städten zu besuchen. Auf diesen Reisen wurde ein Rabbi immer wieder in Synagogen eingeladen. Dort war es schön warm, man gab ihm zu trinken und zu essen und die Menschen stellten ihm viele interessierte Fragen. Der Kutscher des Rabbi musste dagegen immer draußen bei den Pferden bleiben. Eines Tages beklagte sich der Kutscher beim Rabbi, weil der immer so gastfreundlich aufgenommen wurde, während er selbst im kalten Stall bei den Tieren schlafen musste. Da sagte der Rabbi: „Du musst verstehen, dass die Menschen mich bei sich haben möchten. Denn sie wollen mir viele schwierige Fragen stellen." Da schlug der Kutscher vor, dass der Rabbi und er einmal tauschen sollten: „Ich spiele den Rabbi und du den Kutscher." Der Rabbi fragte: „Wie soll das gehen? Die Menschen werden dir Fragen stellen, du wirst die Antwort nicht wissen und dich blamieren." Doch der Kutscher blieb bei seiner Idee. Eines Tages fuhren die beiden in ein Schtetl, in dem man den Rabbi noch nicht kannte. Vorher tauschten sie das Gewand und der Rabbi setzte sich auf den Kutschbock. Als sie ankamen, geleiteten die Juden den vermeintlichen Rabbi in die Synagoge und begannen nach einiger Zeit, ihm schwierige Fragen zu stellen. Gleich bei der ersten Frage sagte der als Rabbi verkleidete Kutscher: „Das ist doch keine schwere Frage. Geht zu den Pferden. Sogar mein Kutscher weiß die Antwort darauf!"

Vom Lernen und Lehren

Schon in der Tora wird betont, wie wichtig es ist, die jüdischen Werte zu studieren. So sollte ein Jude täglich Tora lernen. Es gibt im Buch Jehoschua, das ist das erste Buch nach Moses Tod, einen Vers, der besagt, dass man sich Tag und Nacht mit der Tora beschäftigen möge. Natürlich entstand sofort ein Gelehrtenstreit darüber, wieviel das genau ist. Den Minimalisten zufolge reicht es, einen Vers bei Tag und einen bei Nacht zu sprechen. Die Maximalisten sagten, dass Juden alle Stunden mit Lernen verbringen sollen, die nicht dem Essen, der Körperpflege und anderen notwendigen Aktivitäten gewidmet sind. Da stellt sich natürlich die Frage, wovon diese Menschen ihren Lebensunterhalt bestreiten sollen. Auch dazu gab und gibt es unterschiedliche Meinungen.

So sagen die einen, dass auch die Lohnarbeit zu den notwendigen Beschäftigungen gehört, für die Zeit aufgebracht werden darf. Die restliche Zeit aber, so die Vertreter dieser Ansicht, sollte man lernen. Einige schlagen vor, dass andere Juden jene unterstützen, die sich so intensiv dem Lernen widmen. Eine weitere Gruppe findet, dass man zwar lernen, aber trotzdem arbeiten soll, um sich nicht von anderen Menschen abhängig zu machen. Und ganz Esoterische meinen, dass man ausschließlich lernen soll, weil der liebe Gott schon für die Lebensgrundlage der „Viellerner" sorgen wird.

Eine andere Idee ist, dass ein Talmudschüler einen Vertrag mit einem wohlhabenden Menschen abschließt, der den Schüler verpflichtet, ständig zu lernen. Der Wohlhabende wiederum verpflichtet sich, alle Ausgaben dieses Mannes und seiner Familie zu bestreiten.

Wenn wir davon ausgehen, dass ein Jude, der fleißig Tora lernt, vom Ewigen auch spirituell belohnt wird, so könnte man sich fragen, ob auch der Sponsor des gelehrigen Juden einen spirituellen Lohn erhält. Über diese Frage stritten einmal drei Schüler einer Talmudschule. Der eine sagte: „Selbstverständlich bekommt der Schüler vom Ewigen den gesamten spirituellen Lohn – der, der zahlt, bekommt nichts." Der zweite meinte: „Natürlich wird der spirituell belohnt, der den Schüler finanziert. Denn der Schüler hat seinen Lohn ja bereits erhalten." Und der Dritte vermutete: „Wahrscheinlich kriegen beide den halben spirituellen Lohn." Weil sie sich nicht einigen konnten, gingen sie zum Rabbi, um seine Meinung zu hören. Dieser sagte zu ihrer Überraschung: „Sie bekommen beide den vollen spirituellen Lohn – der, der lernt, und der, der zahlt."

Unabhängig von ihrer Quantität besteht die jüdische Form des Lernens darin, dass man nicht alleine in den Büchern liest. Es ist wichtig, dass man auch von einem Lehrer oder gemeinsam mit einem oder mehreren Kollegen lernt. In einer Talmudschule ersuchte einmal ein neuer Schüler einen schon sehr weit fortgeschrittenen Kollegen, täglich ein wenig mit ihm zu lernen. Dieser lehnte ab, mit dem Argument, dass er schon viel fortgeschrittener war als der andere und dass ihm die Zeit, die er beim Lernen mit dem „Anfänger" verbrächte, beim Erweitern seines eigenen Wissens fehlen würde. Nach einiger Zeit allerdings bemerkte der fortgeschrittene Schüler, wie er immer mehr von seinem Wissen vergaß, während der andere immer mehr Wissen anhäufte. Irgendwann besaß der Anfänger das Wissen des früheren Vorzugsschülers und der wiederum wusste kaum mehr als der Anfänger zu Beginn seines Studiums.

Da ging der frühere Vorzugsschüler zum Leiter der Talmudschule und erzählte ihm von seiner Beobachtung. Dieser verstand sofort, was geschehen war und sagte zu dem Schüler: „Wenn du mir versprichst, dass du nie wieder ablehnen wirst, wenn ein wissbegieriger Schüler mit dir lernen will, auch wenn er viel weniger weiß als du, dann wird der Ewige dir dein altes Wissen zurückgeben." Da brach der Schüler in Tränen aus und sagte: „Wie aber kann ich mein altes Wissen zurückverlangen, wenn dann der andere seines verliert?" Der Rabbi antwortete: „Der Ewige gibt dir dein Wissen zurück, ohne dass er es dem anderen nimmt."

Es verhält sich so, wie wenn man mit einer Kerze eine andere anzündet: Das Licht der Lehre ist kein materielles Gut – Wissen ist mit anderen teilbar. Im Talmud steht: Viel lernt man von seinen Lehrern, noch mehr von seinen Kollegen, aber am meisten von seinen Schülern.

Bibliografische Information der Deutschen Nationalbibliothek
Die Deutsche Nationalbibliothek verzeichnet diese Publikation in der Deutschen Nationalbibliografie;
detaillierte bibliografische Daten sind im Internet über http://dnb.d-nb.de abrufbar.

3. Auflage, 2018

Redaktion: Lisa Mayr
Lektorat: Ulli Steinwender
Satz: Burghard List
Cover: Peter Manfredini
Coverfoto: Stefan Fürtbauer

Copyright © 2017 by Christian Brandstätter Verlag, Wien

Alle Rechte, auch die des auszugsweisen Abdrucks
oder der Reproduktion einer Abbildung, sind vorbehalten.
Das Werk einschließlich aller seiner Teile ist urheberrechtlich geschützt.
Jede Verwertung ohne Zustimmung des Verlages ist unzulässig.
Dies gilt insbesondere für Vervielfältigungen, Übersetzungen, Mikroverfilmungen und die
Einspeicherung und Verarbeitung in elektronischen Systemen.

ISBN 978-3-7106-0162-0

Christian Brandstätter Verlag
GmbH & Co KG
A-1080 Wien, Wickenburggasse 26
Telefon (+43-1) 512 15 43-0
E-Mail: info@brandstaetterverlag.com
www.brandstaetterverlag.com

Designed in Austria, printed in the EU